ιΛΛ

Das Buch

Im März 2011, ungefähr zur gleichen Zeit, als in Syrien die zunächst
friedliche Revolution der Bevölkerung gegen den Staatschef Baschar
al-Assad von Regierungstruppen gewaltsam niedergeschlagen wird,
beginnt Aboud Saeed mit seiner „persönlichen Revolution" auf Facebook. In täglichen Statusmeldungen erschreibt er sich ein literarisches
Dokument seines Lebens. In Anekdoten, Aphorismen, Kommentaren,
Kurzprosa und mit schwarzem Humor erzählt er von seiner Mutter,
dem Rauchen, dem Werkstatt-Gesellen Ibrahim, der politischen Lage in
seinem Land und in der Welt, der Suche nach Liebe auf Facebook. Eine
Auswahl seiner Posts von Ende Dezember 2011 bis Anfang 2013 sind in
diesem Buch veröffentlicht.

Der Autor

Aboud Saeed wurde 1983 geboren und lebt in der Kleinstadt Manbidsch
in der Provinz von Aleppo im Norden Syriens. Manbidsch wurde 2012
und Anfang 2013 stark von der Assad-Regierung bombardiert. Nach der
neunten Klasse ging er von der Schule ab, hat Schmied und Schweißer
gelernt und arbeitet seit elf Jahren in einer Werkstatt. Drei Jahre war er
Gastarbeiter in einer Plastikfabrik im Libanon, wo er in einer Blechhütte
lebte. 2008 machte er sein Abitur nach und schrieb sich an der Universität für ein Wirtschaftsstudium ein. Sie wurde wegen der politischen
Umstände geschlossen. „Der klügste Mensch im Facebook" ist seine
erste Veröffentlichung. 2015 erschien sein zweites Buch „Lebensgroßer
Newsticker" (gedruckt und als Ebook erhältlich).

Die Übersetzerin

Sandra Hetzl wurde 1980 in München geboren und lebt in Berlin. Sie
studierte an der Universität der Künste Berlin Visual Culture Studies und
arbeitet als Dokumentarfilmerin und Übersetzerin aus dem Arabischen.

Aboud Saeed

Der klügste Mensch im Facebook

Statusmeldungen aus Syrien

Aus dem Arabischen von Sandra Hetzl

Inhalt

Facebookprofil

Wohnt in: Aleppo, Syrien
Spricht: Arabisch, Englisch
Geschlecht: Männlich
Beziehungsstatus: Single
Religiöse Einstellung: Ich bete mich selbst an. Mein Glaube an mich selbst ist größer als mein Glaube an Gott.
Politische Einstellung: Die Plastikschlappen meiner Mutter sind schöner als jede Idee und wichtiger als die Allgemeine Frauenvereinigung.

Über
Ich bin der eitle Aboud Saeed, der extrem eingebildet ist und sich selbst für wichtiger hält als Mohammad Al-Maghout, Adonis und Lady Gaga.

Ich werde keine Freundschaftsanfragen akzeptieren, außer wenn ihnen eine Nachricht vorausgeht mit dem Wortlaut: „Aboud, bitte bitte, lass mich mit dir in Kontakt treten, akzeptiere bitte meine Freundschaftsanfrage."
Dann werde ich darüber nachdenken.

Wie oft sind wir abgelehnt worden, wie lange haben wir gewartet, dass man unsere Freundschaftsanfragen akzeptiert! Jetzt ist der Moment gekommen, wo man auf uns warten muss, bis wir akzeptieren.

Solltest aber du eine Freundschaftsanfrage von mir bekommen haben, so bitte ich dich, sie nicht zu akzeptieren. Ich lese nicht, was andere schreiben. Ich gebe niemandem Likes, und ob du mir ein Like gibst oder nicht, ist das Letzte, was mich kümmert. Wenn ihr glaubt, ihr tut mir einen Gefallen wenn ihr mir ein Like gebt, will ich es erst recht nicht. Ich schreibe einfach, und poste. Dann ziehe ich meine Klick-Maus aus der Tasche und sage dem Leser: Jetzt lies schon, los!
Ich hinterlasse niemandem Kommentare auf seinem Profil.

Ich trete keiner wie auch immer gearteten Gruppe bei, selbst wenn sie das Paradies sein sollte.
Ich schreibe niemandem „HAPPY BIRTHDAY" auf die Pinnwand.
Ich chatte nicht mit Männern, was nicht bedeutet, dass ich mit jeder Frau oder jedem Mädchen chatte.
Ich interessiere mich nicht für Horoskope und anderen Facebook-Unsinn.
Ich gehe nicht auf Events und beantworte keine Fragen.
Ich akzeptiere keinerlei Kritik, so freundlich sie auch formuliert sein mag.
Ich öffne mein Profil lediglich, um meiner Selbst zu frönen.

Zu guter Letzt: Ich bin der klügste Mensch auf Facebook, ob es euch gefällt oder nicht.

Kontakt: http://facebook.com/aboud.saeed

Lieblingszitate: Ich gehöre nicht zu der Art Menschen, die andere zitieren.

Statusmeldungen

30. Dezember 2011 um 00:07

Ich werde alles schreiben, was ich gerade denke /
über die Leere / die aus mir einen Pseudo-Dichter
gemacht hat.

34 Likes

30. Dezember 2011 um 1:34

Ich werde alles schreiben, woran ich gerade denke /
zum Beispiel an unsere Nachbarin, die sich von
uns einen Teller geliehen hat und uns einen anderen zurückgebracht hat / Meine Mutter war ihr
dann böse und schickte mich zu den Nachbarn hi-
nüber, damit ich sagen sollte: „Das ist nicht unser
Teller. Auf unseren ist eine grüne Blume gedruckt."

46 Likes

3. Januar 2012 um 9:47

Ein Typ, den ich nicht kannte, setzte sich neben
mich / und begann zu jammern: „Ach weh, oh weh
… meine Güte … ojemine, geht's mir schlecht …"
Ich nahm eine Zigarette und steckte sie ihm in den
Mund / Holte mein Feuerzeug aus der Tasche und
zündete sie ihm an / Er nahm einen langen Zug,

atmete den Rauch ruhig aus / Dann sah er mich an und schrie: „Ich hab doch ein Feuerzeug! Ich hab selber ein Feuerzeug, hast du mich verstanden?" / Der gefiel mir.

42 Likes

4. Januar 2012 um 00:12

Jeden Morgen suche ich in der Schublade / nach Socken, die noch nicht völlig durchgewetzt und durchlöchert sind / und jedes Mal finde ich nur die Socken meiner Mutter / Meine Mutter trägt Herrensocken.

57 Likes

5. Januar 2012 um 1:58

Träume verbrennen Fett. Deswegen bin ich so schlank.

52 Likes

5. Januar 2012 um 2:36

Das Blut floss über meine Pinnwand / nachdem ich einen Freund hinzugefügt hatte, der ein Gewehr besitzt.

49 Likes

„Du hältst dich wohl für Baudelaire", sagt meine
Freundin.

Worauf ich sage: „Wer soll das denn sein, Baudelaire? Ein Dichter??? / Scheiß drauf / Diese Leute
hat erst die Geschichte zu etwas gemacht. Homs ist
wichtiger als Troja.

Abdelbasset Saroot ist mutiger als Che Guevara.
Und ich bin wichtiger als Baudelaire."

Da lacht meine Freundin. Sie denkt, ich mache
Witze.

65 Likes

Wenn es Gottes gezücktes Schwert gibt / dann bin
ich Gottes löchrige Hosentasche.

55 Likes

An die großen Elitären

Ich bin keinen Pfennig wert, stimmt's?

Bei Hochzeiten, bei Parties, bei Beerdigungen, bei
Poesieabenden, bei gemeinsamen Abenden mit
Freunden, bei Kundgebungen, bei Demos, in der
Uni, im Zug, auf der Straße, wenn mir ein Mäd-

chen begegnet, auf Facebook, wenn es eine heiße Diskussion in einer Gruppe von Freunden gibt, in billigen Kinosälen, in der Mensa, am Strand, bei Familienfeiern, im Gefängnis, auf dem Pausenhof, in der Werkstatt, wenn viel Kundschaft ist: Ich bin keinen Pfennig wert. Deswegen zünde ich mir auch immer eine Zigarette an.

Ich bin keinen Pfennig wert, richtig: keinen Pfennig.

Es gibt Leute, die annehmen, ich sei ein Intellektueller und würde Gedichte schreiben, während ich in Wirklichkeit noch nie in meinem Leben Papier und Stift zur Hand genommen habe. Ich habe keinen einzigen Vers von Adonis gelesen, bis vor wenigen Monaten kannte ich nicht einmal den Unterschied zwischen Zweispaltern und Prosapoesie. Ich kann mich nicht erinnern, jemals eine Zeitung gekauft zu haben, und die Romane, die ich gelesen habe, lassen sich an einer Hand abzählen. Ich weiß nicht, wie die Hauptstadt von Ecuador heißt, noch, wer die Sklaven in Amerika befreit hat. Ich kann weder Englisch noch Französisch, und im Arabischen weiß ich nicht, wie man das Hamza richtig setzt.

Ich bin keinen Pfennig wert. Ich habe viele Frauen kennengelernt und mit all jenen geschlafen, die mir die Möglichkeit boten, mit ihnen ein Bett zu teilen. In Beirut habe ich mich einmal an ein asiatisches Mädchen herangemacht, das sehr froh war, meine Bekanntschaft zu machen. Als meine Schwester im Krankenhaus war, habe ich die Krankenschwester kennengelernt, und wir haben Telefonnummern ausgetauscht. Und auf Facebook... ich weiß gar nicht, wo ich anfangen soll.

Als die Produktvertreterin, die an meinen Arbeitsplatz gekommen war, mir Informationen über Haarschneidemaschinen gab, war ich schon dabei, darüber nachzudenken, wo wir hingehen könnten. Sogar die Zigeunerinnen haben ihren Teil meiner Lust abbekommen. Doch das Mädchen, das mir gefällt, sehe ich jeden Tag, und schaffe es jedes Mal nicht, ihm zu sagen, dass sie mir gefällt.

Ich bin keinen Pfennig wert. Jawohl. Keinen Pfennig. Ich habe einmal an einer Demo teilgenommen, und als dann die Sicherheitskräfte kamen, bin ich abgehauen. Ein Bekannter von mir sah mich zufällig rennen. Am nächsten Tag sagte er zu mir:

„Du bist keinen Pfennig wert. Sonst wärst du ja
nicht weggerannt."

Ich bin keinen Pfennig wert, und ich werde diesen
Preis stabil halten.
Ich bin keinen Pfennig wert: Du lieber Himmel!
Ich bin keinen Pfennig wert. Sprecht mir nach:
Ich bin keinen Pfennig wert, und gerade darum
bin ich glücklich.

129 Likes

9. Januar 2012 um 10:20
Ich hasse euch. Seit es auf euren Hausdächern
Satellitenschüsseln gibt, während bei uns auf dem
Dach nur eine Fernsehantenne steht.

41 Likes

11. Januar 2012 um 13:32
Ich liebe dich. Solange du online bist.

29 Likes

11. Januar 2012 um 16:19
Ich bitte dich um eine Zigarette / nur um dir zu
beweisen, dass ich ein Feuerzeug besitze.

41 Likes

13. Januar 2012 um 3:21

Frauen sind für mich die einzige Alternative zu Facebook.

41 Likes

14. Januar 2012 um 17:49

Sie sagte: „Ich habe das Risiko auf mich genommen und bin Tausende von Kilometern gereist, um zu dir zu kommen, und was hast du getan?"
Ich sagte: „Ich habe deinen Namen in einer Statusmeldung erwähnt."

33 Likes

15. Januar 2012 um 2:20

In Kürze: Wörter mit Make-Up / und viel Silikon / Elissas Busen ist nicht besser als meine Pinnwand.

38 Likes

16. Januar 2012 um 20:15

Wie der Autofahrer, der seinen Wagen zur Reparatur bringt / fragt das Volk, was die Freiheit angeht: „Meister, wieviel wird das Ganze wohl kosten?"
Und wie der Mechaniker, der seinen Beruf nicht beherrscht, antwortet das Regime: „Das sieht schlecht aus. Da ist nichts zu machen."

69 Likes

Um fünf Uhr Nachmittag war meine Schicht in der Werkstatt zu Ende / Ich streifte meinen Arbeitskittel ab und rannte los / Alle drehten sich nach mir um, als ich rannte / Ein paar fingen an, hinter mir herzurennen, weil sie dachten, ich renne ins Paradies / Kinder rannten mir hinterher, weil sie glaubten, ein Flugzeug sei irgendwo in der Stadt aufgrund eines technischen Fehlers notgelandet / Hunderte von Hunden rannten mir hinterher / Sicherheitsbeamte rannten mir hinterher, weil sie dachten, ich sei aus dem Gefängnis ausgebrochen / Feuerwehrautos dachten, es gäbe einen Brand / Rettungswagen / Die Intellektuellen, die im Café gesessen hatten / Der Konditor / Die Verräter und Mörder – tausend Mörder waren es, und alle waren sie hinter mir her.

Als ich zu Hause ankam / drehte ich mich zu ihnen um, und sagte: „Alles, was los ist, ist, dass meine Freundin gerade online ist."

86 Likes

18. Januar 2012 um 14:03

Der Diktator
hört keinen Jazz.

26 Likes

19. Januar 2012 um 2:07

In dieser feindseligen Nacht
besitze ich 6 Zigaretten und ein Handy, mit dem
man keine Anrufe machen kann
einen Liter Wein der Marke „Ksara"
und 44 Personen online in der Chatliste
von denen ich einige schon verbraucht habe
und solche, die ich mich nicht anzusprechen traue
und andere, die ich nicht kenne und die mich
womöglich auch nicht kennen.
Ich habe das dringende Bedürfnis nach einer Liebesgeschichte.
Ich werde mich in die Nächstbeste verlieben, die
„Hallo" schreibt.
Aber vielleicht kommt auch ein Stromausfall,
bevor ich mich verliebe.

66 Likes

19. Januar 2012 um 2:30

Ich besitze keinen CV.

27 Likes

20. Januar 2012 um 13:05

Ich würde gerne einen CV kaufen. Am liebsten in
Groß.

27 Likes

20. Januar 2012 um 19:14

Schreib, als würdest du in einem menschenleeren
Saal Klavier spielen.

58 Likes

20. Januar 2012 um 20:00

Das Leben hier auf Facebook ist weniger gerecht
als das Leben da draußen / Ein Indiz dafür ist,
dass es hier auf Facebook beispielsweise keinen
Schlamm gibt.

Hier wirken alle Menschen sauber, elegant
und redegewandt / Aber draußen, also ich zum
Beispiel, wenn ich mit dem Bus fahre, setzt sich nie
ein Mädchen neben mich, keine Ahnung warum /
Vielleicht ist es wegen meiner kaputten Schuhe.

Oder es hat mit meiner Mütze zu tun. Vielleicht gibt es auch keinen Grund. Aber das ist Gerechtigkeit.

43 Likes

20. Januar 2012 um 20:34

Das Leben hier auf Facebook ist weniger gerecht als das Leben draußen / Ein Indiz dafür ist, dass hier jeder spricht, mich eingeschlossen / Während das Schweigen draußen Tausende von Menschen umgebracht hat und immer noch umbringt. Doch das ist Gerechtigkeit.

44 Likes

20. Januar 2012 um 22:05

Das Leben hier auf Facebook ist weniger gerecht als das Leben draußen / Ein Indiz dafür ist, dass hier das Wort spricht. Hier braucht ein Mädchen keine schicke Hose, keine modische Frisur, kein neues Handy und kein Silikon. Hier braucht der Mann keine Krawatte. Er braucht kein Auto und muss sich nicht rasieren.

Während draußen alles andere spricht, nur nicht das Wort / Das Wort ist stumm, so wie ich. Das ist die Gerechtigkeit.

62 Likes

23. Januar 2012 um 18:01

Ich liebe diese roten Benachrichtigungen / Ich
wünsche mir, mein Facebook-Profil zu öffnen
und Tausende unbeantworteter Nachrichten zu
sehen. Nur um meine Eitelkeit zu befriedigen. / Ich
träume von einem Sturmhagel roter Benachrichtigungen, bis ich gar nicht mehr weiß, wo sie alle
herkommen.

49 Likes

23. Januar 2012 um 18:54

Ich bin Aboud Saeed, das Arschloch, wie meine
Freundin sagt / Weil ich nicht auflegte, als sie mich
versehentlich anrief / Ich wusste nicht, ob sie ihr
Handy in der vorderen oder der hinteren Hosentasche stecken hatte / Alles, was ich hörte, war ein
Reibegeräusch, das so ähnlich wie Jazz klang / Ich
hörte zu und tanzte sogar ein bisschen, solange, bis
ihr Guthaben verbraucht war.

54 Likes

23. Januar 2012 um 19:20

Ich bin Aboud Saeed, das Arschloch / Immer wenn
ich einen Wasserhahn sehe, drehe ich ihn auf /
Immer, wenn ich eine Schraubenmutter entdecke,

löse ich sie / Immer, wenn ich den Gebetsruf höre, mache ich die Musik lauter / Immer wenn meine Schuhsohlen voller Schlamm sind, suche ich nach sauberem Marmor / Immer, wenn ich Shakiras Hintern sehe, beanstande ich die Nase meiner Freundin / Immer, wenn mich ein Mädchen auf Facebook löscht, lösche ich im Gegenzug fünf Männer.

57 Likes

23. Januar 2012 um 19:46

Ich bin Aboud Saeed, das Arschloch / Als ich bei meiner Freundin zu Hause war / fand ich ein Buch von Adonis, „Die Lieder von Mihare dem Damaszener" / Ich blätterte ein wenig darin herum, und als sie Kaffee machen ging / rief ich ihren kleinen Sohn zu mir, gab ihm einen Stift / legte das Buch geöffnet vor ihn hin und sagte: „Komm her, Kleiner, kritzel ein bisschen. Schreib mal MAMA-PAPA."

50 Likes

23. Januar 2012 um 21:07

Ich bin Aboud Saeed, das Arschloch / Jedes Mal, wenn ich einen Film sehe / der damit endet, dass der Held eine schöne Frau heiratet / oder der mit einem Kuss aufhört wie „Sechs Tage, sieben Nächte" / sage ich zu meiner Mutter: „Verheirate mich mit meiner Cousine."

54 Likes

In Wirklichkeit bin das auf meinem Profilbild gar nicht ich / Ich bin eigentlich ein gutaussehender, blonder junger Mann mit blauen Augen.

Ich liebe jeden Menschen / Ich fühle mich persönlich angesprochen, wenn die Nachrichtensprecherin auf dem Bildschirm lächelt und nehme an, sie hat sich in mich verliebt / Ich bin ein gutaussehender, höflicher junger Mann und derjenige, der hier manchmal schreibt, bin nicht ich / In Wahrheit hält diese Person, die dieses niveaulose Zeug verbreitet, mich hier gefangen.

Ich bin eine Geisel / Ich schreibe aus Zwang / Ich schreibe, während eine Pistole auf meinen Kopf gerichtet ist.

Und diese Smileys, die ich manchmal verschicke, sind fake, ähnlich wie das Lächeln eines politischen Gefangenen, der plötzlich im syrischen Staatsfernsehen erscheint und über die Reformen spricht.

143 Likes

Bei der Fernsehübertragung einer UN-Vollversammlung: Meine Mutter sagt: „Diese ganzen weißen Blätter, die da vor denen auf dem Tisch liegen, sollen für Syrien sein?"
Natürlich meint meine Mutter damit, dass die Sache doch eigentlich völlig klar ist und nicht so viel Papier benötigt.

115 Likes

Ich habe meiner Mutter gesagt, dass ich nach Beirut fahren werde, um wieder ein „syrischer Arbeiter im Libanon" zu werden.
Ihr Rat an mich lautete folgendermaßen:

„Blas keine Luftballons auf, nur um sie dann zu zerplatzen.

Trink deinen Wein nie aus dem Glas. Schlürf ihn immer aus der Flasche.

Geh mit keiner Frau ins Bett, die sich die Zehennägel lackiert.

Sei nicht so ernst beim Schlafen. Dein Schlaf und deine Träume sollen ein Witz sein / ein Witz, wie der kommende Krieg."

64 Likes

5. Februar 2012 um 1:58

Ich bin der klügste Mensch hier auf Facebook.

38 Likes

9. Februar 2012 um 1:00

Facebookiges:

Wenn ich darüber nachdenke, einige meiner Facebook-Freunde zu löschen, zögere ich bei einigen Fällen. Es folgen Beispiele:

Ein albernes Mädchen, dessen gesamte Facebook-Aktivität sich auf Horoskope und Bilder mit Herzchen beschränkt / das aber dafür sehr hübsch ist.

Ein regimetreues Mädchen / das aber dafür Bilder von sich im Bikini postet.

Ein Freund, der mir mit seinen ständigen Mahmud-Darwisch-Zitaten wahnsinnig auf die Nerven geht / der mir aber dafür regelmäßig Likes gibt.

Freunde, die sich überhaupt nicht für mich interessieren (Dichter, Autoren, Journalisten, Künstler
etc.) / die aber einfach fette Kontakte sind.

Freunde, die über keine einzige positive oder
zumindest zu mir passende Eigenschaft verfügen,
und für die einfach gar nichts spricht / mit denen
meine Facebook-Freundschaft aber obligatorisch
ist, so dass es außerhalb meiner Entscheidungs-
macht steht, sie zu löschen.

Zum Beispiel habe ich einmal meinen Cousin
gelöscht. Daraufhin kam seine Mutter und hat sich
bei meiner Mutter beschwert und dann den Kontakt abgebrochen. Es hätte beinahe einen Bürgerkrieg gegeben.

124 Likes

12. Februar 2012 um 22:17
Ich bin ein elitärer Mensch.

31 Likes

12. Februar um 22:54
Jeder, der meine Statusmeldung liked, ist ein Agent
für Israel, Katar … und den Ghanwa-Bauchtanz-
musik-Sender.

63 Likes

13. Februar 2012 um 19:32

Ich brauche eine Liebesaffäre / so schnell wie möglich / innerhalb der nächsten 24 Stunden.
Morgen ist Valentinstag.
Eine Affäre, notfalls auch gegen Bezahlung.

71 Likes

13. Februar 2012 um 20:43

Morgen werde ich die schönste Liebesgeschichte googlen und sie dann erleben.

36 Likes

14. Februar 2012 um 19:21

Gestern habe ich geschrieben, dass ich die schönste Liebesgeschichte googlen werde, um sie dann selbst zu erleben.
Wie es scheint, ist es mein Schicksal, in Einsamkeit zu leben.

51 Likes

14. Februar 2012 um 20:09

Ich bin 29 Jahre alt / Ein einziges Mal in meinem Leben habe ich mir eine Shorts gekauft / Damals bekam meine Schwester ein Mädchen.

Meine Mutter sagt: „Deine Nichte ist im Jahr der Shorts geboren worden."

45 Likes

14. Februar 2012 um 20:38

Ich bin 29 Jahre alt / Ich bin ein einziges Mal in meinem Leben im Kino gewesen / als ich in Beirut war / genauer gesagt im Barbiersviertel / Vor dem Eingang zum Kinosaal stand ein Mann und schrie: „Sex und Ficken, Sex und Ficken!"
Der Titel gefiel mir, also ging ich rein. Es war ein ägyptischer Film aus den 80er Jahren, in dem der Hauptdarsteller die Hauptdarstellerin küsst.

34 Likes

15. Februar 2012 um 20:04

Heute:
In der Konditorei / Normalerweise kaufe ich mir da ab und zu so ein kleines Stück Kuchen, ein 10-Lira-Stück.
Diesmal gab es nur große Stücke in der Auslage, auf die man mit Creme alberne Sprüche geschrieben hatte, die mich an den Fahnengruß in der Schule erinnerten.

58 Likes

18. Februar 2012 um 18:43

Zum millionsten Mal: Ich habe ein Feuerzeug, ich will von niemandem, dass er mir meine Zigarette anzündet!

61 Likes

20. Februar 2012 um 00:03

Ich liebe dich / bis zum letzten Pulsschlag der Batterie meines Laptops.

83 Likes

21. Februar 2012 um 20:43

Gestern, als der Strom ausfiel / bin ich auf den Aschenbecher getreten.
Ich sagte: „Bin ich irgendwo draufgetippt?"
Darauf mein Freund: „Das ist ein Teppich und keine Tastatur."

47 Likes

23. Februar 2012 um 21:14

Meine Freundin sagte: „Ich würde gerne mal dein Bücherregal sehen."
Ich sagte ihr: „Ein Bücherregal habe ich nicht, nur ein paar Bücher, die hier und da herumliegen. Ich habe kein eigenes Zimmer / Von meinem Zimmer

sagt jedes Familienmitglied, dass es seines ist / Und
wenn Besuch kommt, wird es zum Wohnzimmer.
In meinem Zimmer gibt es kein Bett / Nur einen
Fernseher und einen Heizkörper / Da sitzt meine
Mutter immer drauf / lässt ihre Gebetskette durch
die Finger gleiten und schaut Nachrichten. Und
weil sie nicht lesen kann, fragt sie mich jeden Tag
nach der Zahl der Märtyrer. Mich langweilt ihre
Fragerei und manchmal denke ich mir einfach eine
beliebige Zahl aus.

128 Likes

24. Februar 2012 um 21:54

Die Minze in meinem Tee ist wichtiger als das
Pokémon auf deiner Unterhose.

24 Likes

25. Februar 2012 um 00:03

Ich bitte euch alle, das Schreiben zu unterlassen.
Vor allem diejenigen, die es besser können als ich.

63 Likes

4. März 2012 um 20:03

Hiermit schlage ich Facebook vor, seine Frage
„Woran denkst du gerade?" zu ändern / Wer hat

dir denn gesagt, dass wir das schreiben, woran wir gerade denken? / Woran wir gerade denken, kann man gar nicht hierhin schreiben.

„Woran wir gerade denken", oh Facebook, du Idiot, schreibt man auf und verscharrt es dann unter der Erde / Nicht einmal die Sonne darf lesen, woran wir gerade denken. Woran wir gerade denken, das schreibt man im Dunkeln in das Googlesuchfeld und löscht es gründlich, bevor man das Gerät ausschaltet / Woran wir gerade denken …!!! Ich schlage dir vor, deinen Aufruf eher so zu formulieren: Versuch, dein Gesicht zu retten. Mach was klar. Halte ein Pläuschchen. Proll herum. Theoretisiere. Schwing große Reden über das Nationalgefühl. Philosophier herum … etc.

143 Likes

11. März 2012 um 18:47

Wie das syrische Regime: Jede, die mich nicht mag, wird durch Selbstmord sterben.

49 Likes

11. März 2012 um 19:00

Wie Gott: Jede, die mich nicht mag, wird in der Hölle schmoren.

54 Likes

12. März 2012 um 00:03

Wie die syrischen Staatsmedien: Jede, die mich nicht mag, wird bald in einem Video mit Ariel Scharon erscheinen.

30 Likes

12. März 2012 um 2:12

Wie ein obdachloser Bettler: Mag mich, ich flehe dich an / Gott hab dich lieb / Gott erhalte dir deinen Ehemann / Gott erhalte dir deine Kinder und all deine Lieben ... Bitte: Mag mich.

39 Likes

15. März 2012 um 22:09

Freiheit für alle, die noch nicht festgenommen worden sind.

132 Likes

23. März 2012 um 09:15

Blauer Morgen ohne rote Benachrichtigungen /

Morgen der Enttäuschung.

23 Likes

24. März 2012 um 16:18

Gedränge:
Ich fand eine tote Frau
auf meiner Pinnwand
und meine Facebook-Freunde
versammelten sich spontan
um sie herum.

55 Likes

26. März 2012 um 14:20

Kommt schon, blamieren wir uns / Lasst uns darüber schreiben, was wir verstecken, über das, wovor wir Angst haben.
Los, schreibt, was ihr unter diesen schönen sauberen Kleidern verbergt.
Schreibt über die Socken in euren glänzenden Schuhen.
Schreibt, was in euren empfangenen und gesendeten Nachrichten steht.
Meine Dame, erzähl mir vom letzten großen Streit, den du mit deinem Ehemann hattest.
Mein Bruder, erzähl mir, wie dein kleiner Sohn zu

Hause gelernt hat, den Diktator zu verfluchen.
Schreibt mir, wie und wann ihr das letzte Mal
gegen eine Wand gepisst habt.
Schreibt alles …
Dann werde ich euch erzählen, wie ich versuche,
meiner Mutter das Rauchen beizubringen.
Und wie ich mit meinem salafistischen Nachbar,
der mich zu sich nach Hause zum Abendessen
eingeladen hatte, gebetet habe – ohne mich vorher
zu waschen.
Ich bewegte lautlos meine Lippen und tat so, als
läse ich die Fatiha-Sure.
Ich sagte nur: „Amen". Laut und selbstbewusst.
Mögen wir uns in diesem Raum hier so fühlen,
als stünden wir am Tag des Jüngsten Gerichts vor
Gott, ohne Verleugnung, ohne Buße, ohne Auf-
schub und Reue.

149 Likes

27. März 2012 um 22:34

Ich wünsche, dass ihr ein Absatz ihres Stöckel-
schuhs abbricht.

27 Likes

29. März 2012 um 00:31

Oh, meine Liebste, du und das Regime / Ihr unter-
drückt mich.

45 Likes

29. März 2012 um 1:38
Den Großteil meiner Zeit verbringe ich mit Ma-
schinengetöse, Hammerschlägen und der Kälte
des Metalls. Meine Kleider sind zerlumpt und von
oben bis unten mit Öl und Fett beschmiert. Meine
Hände sind inzwischen so mürbe und knochig
geworden, dass ich damit nicht einmal die Schulter
einer nach Wasser bettelnden Zigeunerin berüh-
ren, sie nicht einmal einem Hund zum Fressen
geben könnte.

Ich sollte eher über Dinge wie „die Orientali-
tät des Schraubgewindes" schreiben oder über das
Ende der Muttern. Ich könnte einen Roman schrei-
ben über Löcher. Oder über das Behandeln von
Hornhaut. Ich könnte über die Grausamkeit der
Schraube beim Eindrehen in die Mutter schreiben.
Oder mein Hemd an Liebhaber abstrakter Kunst
verkaufen.

151 Likes

31. März 2012 um 22:05

Ich werde bei „Info" dazuschreiben:
– Ich habe noch keinen Universitätsabschluss /
Sollte ich graduieren und dann einen Universitätsabschluss besitzen, werde ich ihn nicht in meinen
CV schreiben. Natürlich nur gesetzt den Fall, dass
ich jemals einen CV haben sollte.
– Ich habe keinen Führerschein und habe in
meinem Leben noch nie ein Auto gelenkt. Nicht
einmal Computerspiele, bei denen man autofährt,
habe ich je gespielt. Mein Vater hat mir, als ich
klein war, auch kein Spielzeugauto geschenkt …
Ich hab immer nur mit den Schuhen meiner Geschwister „Zug" gespielt.
– Ich weiß nicht, wie man einen BH aufmacht.
Und am Rande bemerkt: Meine Mutter ist eine
Beduinin und trägt keinen BH. Sie liest und
schreibt auch nicht, aber sie ist, wie mein Freund
Ramy Ghadir sagt, „das schönste Prosagedicht
überhaupt".
– Jeden Tag konsumiere ich mich selbst und warte
auf meine Vernichtung.

155 Likes

2. April 2012 um 21:30

Ich bin die ganze Welt / Und ich mache keinen
Spaß.

29 Likes

2. April 2012 um 21:42

Das Ergebnis ist immer noch: eins zu null für mich
gegen alle.

34 Likes

5. April 2012 um 6:09

Ist der Gott, der Paris Hilton erschaffen hat, dersel-
be Gott, der mich erschaffen hat?

56 Likes

8. April 2012 um 19:14

Ich flehe euch an, wenn ihr eure Facebookfragen
herumschickt, bitte verschont mich damit. Ich
beantworte keine Fragen. Aber so viel hierzu:
– Was jegliche Fragen, die mit Gefühlen zu tun
haben, betrifft / Ich habe keinerlei Gefühle und,
wie ich euch schon gesagt hatte, ist das Tier in mir
schöner als all eure Hunde und Katzen.
– Die Zukunft ist mir egal und ich mag keine
Kinder und ich habe einen plötzlichen Gefallen

gefunden an Carole Samahas Körper.

– Ich lache wenig und geweint habe ich noch nie in meinem Leben. Als mein Vater starb und man ihn beerdigte, ging ich nicht auf den Friedhof, sondern spielte unterdessen mit meinen Freunden Garnspulenrennen. Am Morgen des Ramadanfestes bin ich dann doch hingegangen. Ich hatte eine Tüte voller Süßigkeiten dabei, um sie unter den Kindern am Friedhof zu verteilen.

Und ich erinnere mich, wie ich mir erst meine eigenen Hosentaschen ordentlich mit Süßigkeiten vollgestopft habe, bevor ich den Rest über die anderen Kinder schüttete.

– Was meine Familie betrifft, sehen wir Geschwister uns nicht an, wenn wir miteinander reden. Wir unterhalten uns und gehen miteinander um wie zerstrittene Freunde, die sich erst kürzlich wieder vertragen haben.

– Aber was Syrien betrifft, sollte ich mich wohl zuerst fragen: Bin ich denn Syrer?

140 Likes

23. April 2012 um 9:42

Manchmal kommt es vor, dass eine meiner Facebook-Freundschaften, ein Journalist oder Schriftstellerin, plötzlich auf dem Fernsehbildschirm auftaucht. Dann versuche ich meine Mutter zu überzeugen: „Schau Mama! Das ist eine Freundin von mir! Mit der rede ich jeden Tag! Wir chatten, machen Witze miteinander und gestern hat sie meinen Status geliked …"

Da lacht meine Mutter und sagt: „Aboud, mein Schatz. Wann wirst du nur endlich erwachsen?"

203 Likes

29. April 2012 um 18:10

Gerade laufen im Nachbarzimmer Verhandlungen zwischen meiner Mutter und unserer Nachbarin, die möchte, dass ich ihre Tochter wieder meinen Freunden hinzufüge. Ich höre, wie meine Mutter laut sagt: „Erklär deiner Tochter, dass mein Sohn auf seiner Pinnwand keine Bilder mit roten Rosen und Herzchen toleriert."

142 Likes

9. Mai 2012 um 02:16

In meinem Zimmer gibt's einen geheimen Tunnel, der nach Qatar führt.

67 Likes

Dem Bürgerkrieg zum Trotz / Heute Morgen werde ich meiner Mutter einreden, sie sei Drusin / An einem anderen Morgen werde ich ihr einreden, sie sei Kurdin / Dann werde ich sie davon überzeugen, dass wir keine Sunniten sind. Dass unsere blöden Vorfahren uns reingelegt haben und dass wir eigentlich Alawiten sind / Und in einer regnerischen Nacht werde ich sie davon überzeugen, dass wir Juden sind. Ich werde ihr sagen: „Mama, wir sind Gottes auserwähltes Volk!"

Und eines Tages, wenn ich sie wieder im Rauchen unterrichte, werde ich ihr sagen, sie soll einen tiefen Zug nehmen. „Mama, zieh es mal richtig tief rein und schluck es runter". Und dann werde ich sie davon überzeugen, dass wir Atheisten sind.

263 Likes

Außerdem, dem Bürgerkrieg zum Trotz: Während ich und meine Mutter zusammen rauchen, sage ich ihr: „Mama, zieh mal richtig lange, zieh, dass dir der Rauch im Herzen spielt."

Da zieht meine Mutter und lacht glücklich.

„Mama, sag mal: Du willst doch ins Paradies,

oder? Sprich mir nach: Scheiß auf die Sunniten und die Schiiten und die Christen und die Drusen und die Juden und die Ungläubigen und die Muslime … allesamt."

Meine Mutter zögert, schaut mich an, ihre Augen ganz rot vom Rauch, und sie fragt mich:

„Darf man sowas denn sagen?"

„Klar, Mama, darf man das, was spricht denn dagegen!!!"

210 Likes

10. Mai 2012 um 1:24

In Manbidsch googlen Pubertierende nach „israelischer Sex". Sie nehmen an, israelischer Sex sei anders. Natürlich ist das eine Folge des antiimperialistischen Widerstands.

187 Likes

11. Mai 2012 um 11:29

Bevor ich heute aus dem Haus ging, bemerkte meine Mutter, dass ich ein Halstuch in der Hand hatte. Sie fragte mich: „Für wen ist das?"

Ich kratzte mich am Kopf und sagte: „Das ist ein Geschenk für meine Freundin."

Sie sagte nichts, aber ich wusste, dass ihr die Sache nicht gefiel.

Als ich am Rausgehen war, sagte sie: „Aboud, nimm du aber auch Geschenke von ihr."

161 Likes

12. Mai 2012 um 19:21

Meine Liebste, jetzt bin ich aber wirklich bereit, dich für eine Gasflasche zu verkaufen.

97 Likes

13. Mai 2012 um 1:47

Meine Mutter sitzt neben mir und ich schnüffele in den Profilbildern meiner Freundinnen. Jedes Mal, wenn ich ein sexy Foto von einer Freundin anklicke, fragt meine Mutter mich verwundert: „Wer ist denn die?"

Dann sage ich: „Mama, das ist eine Christin."

152 Likes

13. Mai 2012 um 13:49

Wegen der Klausuren werde ich einige Zeit nicht auf Facebook sein. Verratet mich bitte nicht, postet mir bitte keine bescheuerten Fotos auf die Pinnwand, schreibt bitte nicht „Freiheit für Aboud

Saeed". Und keiner von euch darf behaupten, er sei der klügste Mensch im Facebook. Keiner darf meine Freundin anbaggern oder Gedichte auf meine Pinnwand schreiben und mir den Spaß vorenthalten, sie zu ignorieren. Schreibt mir Emails. Schreibt mir, dass ihr meine Telefonnummer wollt. Denkt über eine Beziehung mit mir nach, denn ich werde ledig zurückkehren, ohne Schuld an jeglichen Ich-liebe-dichs, die ich je hier auf Facebook gesagt habe.

231 Likes

21. Mai 2012 um 00:46

Wenn ich ein Maler wäre, würde ich Gott im Gerichtssaal malen, im Anklagekäfig.
Der Kläger wäre ein senegalesisches Kind.
Und meine Mutter würde einen kleinen Holzhammer halten.
Und ich wäre einer der Anwesenden, die mit auf der Bank des Angeklagten sitzen.
Und jedes Mal, wenn ich ein Geräusch mache, schlägt meine Mutter mit dem Holzhammer auf den Tisch und sagt: „Ruhe bitte, die Herrschaften, Ruhe."

199 Likes

Ich kann es nur immer wieder sagen, die Plastikschlappen meiner Mutter sind wichtiger als die
Allgemeine Frauenvereinigung, wichtiger als die
Bücher von Nawal El Saadawi, wichtiger als Khawla, Tochter des Azwar, wichtiger als Shakiras Hintern, wichtiger als die Frauen, die sich im Namen
irgendeines politischen Anliegens nackt fotogra-
fieren lassen. Meine Mutter war nie in Tibet, trägt
keinen Bikini und weiß nicht, wie man sich auf
eine Kloschüssel setzt, meine Mutter, die verlegen
wurde und nicht wusste, was sie sagen sollte, als
meine Freundin sie fragte:

„Wie geht's, wie steht's, Madame?"
Meine Mutter trägt Plastikschlappen, die wichtiger
sind als alle politischen Anliegen des Universums.

215 Likes

22. Mai 2012 um 21:09

Wenn sie aufsteht: Trinkt sie dann ihren Kaffee
so wie ich aus einem einfachen Teeglas oder hat
sie eine bunte mit Zeichentrickfiguren bedruckte
Tasse?

57 Likes

45

22. Mai 2012 um 21:21

Ist ihr Kühlschrank einfach nackt und weiß, wie
unserer, oder ist er verziert mit bunten Magneten
in Obst- und Gemüseform?

60 Likes

26. Mai 2012 um 00:01

Dieses Kind, das außer Haus seine Mutter am
Saum fasst, weint und sagt: „Mama, geh nach
Hause … geh nach Hause, sonst sterben meine Ge-
schwister dort ganz alleine!" – dieses Kind bist du.

96 Likes

27. Mai 2012 um 19:21

Ich schwöre, wenn da nicht diese Angst vor der
Facebook-Einsamkeit wäre, würde ich alle meine
Freunde löschen, einen nach dem anderen.

82 Likes

27. Mai 2012 um 6:32

Gestern, bei der Demo, als ich mittendrin war,
fiel mir kein anderer Sprechchor ein als: Gott ist
größer … Gott ist 'ne Million mal größer!

82 Likes

28. Mai 2012 um 15:03

Jedes Mal, wenn sie sagen „bewaffnete Banden" /
platzt ein Massengelächter aus dem Friedhof.

247 Likes

30. Mai 2012 um 23:00

Meine Kommilitonin an der Uni / der ich 265 Fa-
cebook-Nachrichten geschickt habe / hat auf keine
einzige geantwortet.
Mir ist zu Ohren gekommen, dass sie sagt: „Aboud
schickt mir Briefbomben."
Die letzte Nachricht, die ich ihr geschickt habe,
lautete folgendermaßen:
„Wenn du tanzt / sage ich, du bist eine Puppe, die
Gott mit einem unsichtbaren, vom Himmel kom-
menden Faden bewegt."
Unmittelbar danach hat sie mich geblockt.

111 Likes

31. Mai 2012 um 1:14

Geständnis Nr. 1:
Vor dem Einschlafen, wenn ich meinen Kopf auf
das Kissen lege / fürchte ich mich vor Gott.

89 Likes

31. Mai 2012 um 1:32

Geständnis Nr. 3:

Ich bin in einer Beziehung mit über 150 Frauen.

64 Likes

1. Juni 2012 um 2:56

Geständnis Nr. 19:

Ich mag es, wenn meine Mutter weint / Und immer spiele ich ihr Lieder vor, die sie zum Weinen bringen.

45 Likes

2. Juni 2012 um 13:18

Geständnis Nr. 24:

Meine Mutter hat um Hosni Mubarak geweint, als der Richter sagte: „Urteil: Lebenslänglich."

69 Likes

4. Juni 2012 um 21:03

Geständnis Nr. 35:

Für mich klingt „Guten Morgen!" so ähnlich wie „Einigkeit, Freiheit und Sozialismus".

85 Likes

4. Juni 2012 um 19:54

Geständnis Nr. 36:
Ich wünsche mir, dass dein teures Handy kaputt
geht.

33 Likes

5. Juni 2012 um 14:25

Das ist das erste Mal, dass ich mein Laptop mit
in die Werkstatt nehme. Gerade haben sich die
Arbeiter alle um mich herum versammelt. Es sind
viele, sie machen mich ganz schwindelig. Der eine
will einen Klingelton auf sein Handy schicken, der
andere zeigt mit seinem Finger auf das Profilbild
von Rola El Hussein und sagt: „Mach mir dieses
Bild mal auf."

Und ein Junge flüstert einem anderen Jungen
ins Ohr: „Das ist das Facebook, hast du gesehen?"

Und mein Nachbar fragt mich: „Aboud, hier
kannst du über die Regierung schimpfen wie es dir
passt, nicht wahr?"

221 Likes

7. Juni 2012 um 9:32

Heute Morgen bin ich aufgewacht / hab mir die
Augen gerieben und gemurmelt: „Ach, Morgen,

verflucht seist du in Ewigkeit."

Ich hab nach meiner Mutter gesucht, sie nicht gefunden / Vor der Haustür ist ein großer Stein, da sitzt meine Mutter meistens.

Ich geh hin, finde sie nicht / Da sehe ich sie im Garten, wie sie ihr buntes Kleid bis über die Knie hebt und es sich an der Taille festknotet / Sie ist barfuß und hält einen Spaten / Mit ihrer löchrigen Leggins, während ihr der Schweiß von der Stirn tropft / Sie gräbt, und neben ihr liegt ein Haufen Bücher und andere Sachen.

Ich erinnere mich an: einen Koran, Also sprach Zarathustra, Musikkassetten von Sheikh Imam, meinen und ihren Personalausweis, das Buch des Arabischen Einheitsstrebens, eine Teekanne, in die zwei einander überkreuzende Schwerter und der Name Gottes und des Propheten eingraviert sind, meinen PC … und anderes.

„Was machst du denn da, Mama?!"

„Ich versuche, dich vor einem Massaker zu bewahren, mein Sohn. Dieses Zeug hat unseren Hausfrieden zerstört und wird uns noch umbringen."

271 Likes

12. Juni 2012 um 15:43

Geständnis Nr. 41:
Ich habe in meinem ganzen Leben noch nie eine Frau im Bikini gesehen.

91 Likes

12. Juni 2012 um 16:09

Geständnis Nr. 42:
Bei uns zu Hause lachen wir nicht miteinander / Wir warten mit dem Lachen immer, bis uns jemand Fremdes besucht.

170 Likes

15. Juni 2012 um 21:21

Wenn Frauen aus der Nachbarschaft zu Besuch kommen, stellt mich sogar meine Mutter inzwischen so vor: „Das ist Aboud, mein Jüngster. Er ist der klügste Mensch im Facebook."

175 Likes

17. Juni 2012 um 2:13

Geständnis Nr. 46:
Ich war in meinem Leben bisher nur ein oder zwei Mal in Damaskus. Ich habe noch nie in meinem Leben mit Messer und Gabel gegessen, bin noch

nie ein Auto gefahren, kann nicht schwimmen und bin noch nie Zug gefahren.

Ich habe noch nie in einem Flugzeug gesessen und ich habe nie die „Muqaddimah" von Ibn Chaldoun gelesen, jedes Mal nehme ich mir vor, sie über Google zu suchen, und vergesse es wieder.

Ich habe noch nie ein iPad gesehen, und was Tiere, Insekten und Vögel anbelangt, kenne ich nur Ameisen und Fliegen, zweitklassige Vögel und den Hund in der Straße, in der mein Bruder Mohammed Saeed lebt.

Ich habe ein einziges Mal in meinem Leben in der Moschee gebetet. Das war, als ich noch auf die Grundschule ging, und es war sehr heiß damals.

In den letzten anderthalb Jahren habe ich ein paar Mal gebetet, ohne Licht. Keinen der Youtube-Links zu Musikvideos, die mir meine Freunde in den Nachrichteneingang oder auf die Pinnwand posten, höre ich mir an.

Seit Jahren behaupte ich, Jazz zu hören, kenne aber in Wirklichkeit nur Louis Armstrong. „Die Liebe in den Zeiten der Cholera" habe ich nicht gelesen und noch nie habe ich die Wange eines Mädchens berührt, außer bei meinen Schwestern und Cousinen. Noch nie in meinem Leben habe ich einen Text auf ein Blatt Papier geschrieben, noch nie habe ich ein Mädchen insgeheim verehrt, und noch nie war ich mit einem Geistlichen, einem Polizisten oder einem anständigen Herrn befreundet.

Bei mir zu Hause habe ich keinen eigenen Schrank.

Ich habe eine Schublade, in der ich meine wenigen Bücher lagere, meine Socken, meine Unterwäsche, ein schwarzes Feuerzeug, das ich von Nour Khwais geschenkt bekommen habe, ein paar DVDs und andere Sachen, die nicht weiter nennenswert sind.

178 Likes

20. Juni 2012 um 12:14

Ich arbeite in der Werkstatt / Mein Laptop steht in der Ecke.

Davor sitzt ein Junge, der mit mir zusammen arbeitet und Ibrahim heißt. Ich habe ihm gesagt: „Ibrahim, jedes Mal wenn du einen roten Punkt oder eine Benachrichtigung siehst, sag mir Bescheid."

Jetzt sitzt Ibrahim da und ruft jede Minute laut: „Aboud! Ein Like von So und So! Ein Kommentar von Der und Der!"

Und wenn er sagt: „Aboud, ein Like von Rola El Hussein!", lassen alle Arbeiter ihr Zeug stehen und liegen und rennen in Richtung Laptop.

149 Likes

23. Juni 2012 um 11:25

Ich bin Ibrahim, der Junge, der mit Aboud arbeitet.
Ich bin auch so intellektuell wie er
und so oppositionell.
Den Tod mag ich nicht.
Auch nicht die Knechtschaft.
Aber ich liebe Dima Bayaa.

186 Likes

23. Juni 2012 um 12:03

Momentan bin ich Aboud.

48 Likes

23. Juni 2012 um 15:32

Gibt es auf Twitter vielleicht weniger Tod?

124 Likes

28. Juni um 17:01

Geständnis Nr. 52:
Ich werde so lange weiterschreiben, bis der Panzer
bei unserem Haus ankommt.

112 Likes

28. Juni 2012 um 17:10

Ibrahim ist real / Ich bin illusionär.

52 Likes

29. Juni 2012 um 5:52

Meine Mutter ist plötzlich, ohne vorher anzuklop-
fen, in mein Zimmer gekommen.
Bei uns zu Hause klopft man nicht an.
Eigentlich gibt es auch nur ein Zimmer.
Ein Zimmer, von dem ich sage, es sei meines / von
dem meine Mutter sagt, es sei ihres, und die Gäste
sagen: „Es ist unseres." Und wenn mein großer
Bruder sauer ist, sagt er: „Raus mit euch aus meinem Zimmer!"
Meine Mutter kommt also plötzlich rein / Überall
liegen Taschentücher herum / Triefend vor Sperma
und Angst.
Im Aschenbecher ist fast schon kein Platz mehr für
eine weitere Zigarette. Hassan Blasims Buch „Der

Verrückte vom Freiheitsplatz". Heavy Metal vom
Feinsten: Devil Doll.

„Aboud, wieso schläfst du nicht?"

Komm, Mama, setz dich her, nimm eine, rauch.

Meine Mutter kauert sich dazu.

Steckt sich eine Zigarette zwischen die Lippen. Ich
gebe ihr Feuer.

Keine Ahnung, wo sie das her hat: Sie tippt mir
immer so auf die Hand, wenn ich mit dem Anzün-
den fertig bin.

Rauch nur, Mama, rauch. Spei dein inneres Feuer
wie ein Drache. Rauch.

Mama, findest du nicht auch: Diese Eva Rose ist
wirklich die schönste Pornodarstellerin überhaupt.

Mama, ich hab mir dreimal hintereinander einen
runtergeholt.

Mama, und dieses Video, das ist von einem
Jungen, den sie mitgenommen und anschließend
gefoltert haben. Seinen Leichnam haben sie dann
angezündet und auf die Straße geworfen.

Mama, wenn ich sie lieben will, tut's mir weh.

Mama, ich will nach Damaskus, wenn eine Million
Panzer auf den Straßen sind.

Mama, soll ich dir ein Glas Wodka einschenken?

Meine Mutter raucht ihre Zigarette in rasender

Geschwindigkeit zu Ende.

Mama, Paul Shaool sagt: „Heiße Lippen verbrennen Zigaretten, bevor das Streichholz sie anzündet."

Mama, ich will mit den Toten und Getöteten zusammensein.

Und eine Katze kaufen.

Und ich will einen Lebenslauf.

Einen ganz großen, Mama. Einen großen Lebenslauf.

Ich will Salma Masri heiraten.

Und, dass uns ein Krankenwagen vom Friedhof nach Hause bringt.

Meine Mutter zündet sich eine zweite Zigarette an.

Mama, Paul Shaool sagt: „Auch der Rauch ist ein Aufbruch."

Mama, heute hab ich ein Geschenk von meiner Freundin bekommen.

Sie hatte eine blaue Jeans an.

Mama, ich hab ihr nichts gegeben, wie du es wolltest.

Ich hab ihr gesagt: „Ich werde dir meine Zunge schenken."

Mama …

„Komm Aboud, wasch dir deine Hände und dein

Gesicht. Geh Brot holen. Es ist schon sieben Uhr morgens."

245 Likes

30. Juni 2012 um 14:56

Ich bin Ibrahim, und diese Likes, die ich hier und da verteile, drücken nicht unbedingt die Meinung meines Meisters Aboud aus.

76 Likes

1. Juli 2012 um 12:30

Ich bin Ibrahim. Mein Meister Aboud schläft gerade. Mein Meister Aboud ist der Meinung, dass Schlaf schöner ist als Tod und Liebe.

99 Likes

3. Juli 2012 um 19:16

Ich habe Salma Masri eine Freundschaftsanfrage und einen Anstupser geschickt.

58 Likes

10. Juli 2012 um 1:46 Uhr

Eines Tages werden wir aus dem Bildschirm schlüpfen / Als Sieger.

74 Likes

Je mehr Freunde es werden, desto großer wird die
Einsamkeit.

157 Likes

28. Juli 2012 um 22:53

Früher pflegte ich, mein Chatfenster zu öffnen
und mir unter den Facebook-Freunden, die mit
grünem Licht erschienen, das hübscheste Mädchen
auszusuchen und ihm ganz unverfroren und ohne
jegliche Einleitung zu schreiben: „Ich liebe dich."
Zur Zeit wage ich das nicht mehr. Denn jetzt
könnte mich jeden Moment der Tod verschlingen!
Stell dir vor, du schreibst gerade: „Ich liebe dich"
und dann schlägt über deinem Kopf eine Bombe
ein! Eine Katastrophe wäre das!
Nicht der Tod wäre die Katastrophe / Der Tod ist,
wie wir hier zu sagen pflegen, ein Furz.
Die Katastrophe wäre, wenn eine Liebesgeschichte
so enden würde!

178 Likes

29. Juli 2012 um 00:42

Für den Fall, dass mein Computer und ich von
einer Bombe getroffen werden,

wird eine im Ausland lebende Person mein Facebook-Profil weiterführen.

Alles wird beim Alten bleiben. Mein Profilbild wird so bleiben, wie es ist / mit Muttermal und Zigarette.

Auch die Freunde werden bleiben / nur ihre Anzahl wird variieren.

Die Liebhaberinnen: Wir werden weitermachen, solange es Buchstaben auf der Tastatur geben wird.

Die Dichter: Zum Teufel mit euren Facebook-Wänden, Wand für Wand!

Der Tod: Lösche einen Freund, akzeptiere dafür einen anderen, der seit Monaten wartet.

Die Revolution: Hat sich erhoben und die Facebookler haben sich an ihren Platz gesetzt.

121 Likes

31. Juli 2012 um 10:03

– Und, wie geht's so? Gibt's bei euch immer noch Probleme?

– Das sind keine Probleme, das ist 'ne Revolution.

149 Likes

31. Juli um 16:19

Unser ganzes Leben lang hat man uns vorgeworfen, dass wir nicht beten und nicht fasten, und heute stört man sich an unseren Bärten und dem Ausdruck „Allahu Akbar"! Herrgottnochmal!

90 Likes

3. August 2012 um 04:34

All dieses Zeug, was in den Zeitungen, den Medien und auf Facebook über die Revolution geschrieben wird, ist keinen Pfennig wert. Mit größter Wahrscheinlichkeit wird Aleppo und sein Umland einfach zerstört werden und wir werden zermalmt und vertrieben werden, wir werden die Kunst des Grauens lernen und die Kunst des Springens und Rennens und Fluchens. Jeder Einzelne von uns wird eine wandelnde Enzyklopädie des Schreckens, der Angst und der Brutalität sein, falls er nicht vorher sterben wird.

Eine Stadt jetzt zu besingen und zu verehren, ist etwas Erbärmliches.

Sie sagten: „Versteck dich unter der Treppe oder im Bad oder im Klo oder im Bunker."

Da kam eine Rakete und sprengte die Treppe und das, was darunter war, das Bad, das Klo und den Bunker in die Luft. Dann sagten sie: „Allahu Akbar! Ein Wunder! Alles wurde zerstört, nur das

Wort ‚Allah' ist auf der Wand stehen geblieben."
Da kam eine befreundete Patrone angeflogen und
sprengte Gott und die Wand davon.
Verlangt wird:
– dass du ein Raubtier bist und keine Bestie
– dass du dir die schönste Art zu sterben aussuchst
Aber davor musst du erst:
– mit der einen Hälfte deines Fußes Haitham Maleh das Maul stopfen
 und mit der anderen jedem, der jetzt von dir
verlangt
friedlich-friedfertig-pazifried-pazifist zu sein, ach,
was weiß ich denn.

216 Likes

5. August 2012 um 11:03

Ich wünschte, sie wüsste / wie wichtig ich auf
Facebook bin.

87 Likes

5. August 2012 um 14:15

Bei Demonstrationen, während ich inmitten rie-
siger Menschenmassen rufe: „Freiheit, für immer!
Ob du willst oder nicht, Assad!"
nehme ich mein Handy plötzlich aus der Tasche /

schaue aufs Display, steck es wieder ein, und sage:
„Ich wünschte, sie würde anrufen."

103 Likes

6. August 2012 um 1:10
Sie hat ihr Profilbild geändert / ohne die ausstehende Freundschaftsanfrage zu beachten.

80 Likes

9. August 2012 um 13:31
Mein Meister Aboud will, dass ich unter der prallen Sonne stehe
und den Himmel beobachte, damit ich ihm Bescheid gebe, wenn ein Kriegsflugzeug angeflogen kommt, während er gemütlich drinnen in der Werkstatt arbeitet, eine Zigarette im Mundwinkel, und gerade zu einem Kunden sagt: „Faste, bete und schließ die Rebellen in dein Gebet mit ein."

93 Likes

11. August 2012 um 13:50
Vor unserem Haus steht ein gutaussehender Terrorist.

98 Likes

11. August 2012 um 10:49

Das Massaker ist unmerklich an uns vorbeigezogen.

77 Likes

16. August 2012 um 19:03

Seit gestern ist mein großer Bruder mit mir auf Facebook befreundet.

Natürlich hat er mir erst eine Freundschaftsanfrage geschickt und ich habe sie bedingungslos, ohne Flehen und Bitten, sogar ohne ihn auf die Warteliste zu setzen, akzeptiert.

Ich hatte keine andere Wahl.

Deswegen bitte ich euch alle, in Gegenwart meines Bruders keine Skandale zu provozieren und öffentliches Flirten auf meiner Pinnwand künftig zu unterlassen.

Von jetzt an werde ich mir alles, was ich auf mein Profil schreiben will, vorher genau überlegen, und ich werde meinem Bruder, was auch immer er schreibt, Likes geben. Jeder Status, jedes Bild, jeder Kommentar, den er postet, wird ein Like von mir bekommen. Sogar für seine Wut wird er Likes bekommen.

Anmerkung:

Mein Bruder scrollt durch mein Profil und glaubt, dass es sich bei Namen wie Alma Intabli, Louise Abdulkareem, Eslam Abushkair, May Skaf etc., um Pseudonyme handelt, die nicht ihren wahren Besitzern entsprechen. Er will einfach nicht glauben, dass das meine Freunde sein können. „Also, ich bitte dich. Wie soll das denn gehen! Wann soll denn das passiert sein? Und wie kommt man in Manbidsch an jemanden wie zum Beispiel … May Skaf?!"

138 Likes

22. August 2012 um 20:20

Bitte macht das Nachrichtenband größer / Unser Fernseher ist nämlich sehr klein.

128 Likes

23. August 2012 um 17:05

Nach den Luftangriffen sind meine Liebhaberinnen auf 278 angestiegen.

70 Likes

Während meine schöne Nachbarin den Boden vor ihrem Haus mit Wasser besprenkelt, stehe ich auf dem Balkon und rauche.

Ich rauche, um ihr den Eindruck zu vermitteln, ich sei sehr beschäftigt, und keineswegs alleine; ich rauche, damit ich ihr vor die Füße aschen kann; ich rauche, um den Diktator bei jedem Zug zu verfluchen; ich rauche, damit mir der Rauch in die Augen steigt und sie zu tränen beginnen und meine Mutter dann annimmt, ich beweine meine gefallenen Freunde; ich rauche und lasse eine regelrechte Rauchwolke entstehen, damit es für die zivilisierte Welt so aussieht, als würde unser Haus brennen, und man uns die Feuerwehr und Rettungsteams schickt; ich rauche, damit meine Mutter keine Pause vom Rauchen bekommt.

202 Likes

25. August 2012 um 22:43

Immer, wenn sie mich fragt: „Liebst du mich?" Sage ich: „Meine Mutter sitzt gerade neben mir."

101 Likes

18. September 2012 um 21:26

Manchmal habe ich die Idee, meiner Mutter ein eigenes Facebook-Profil anzulegen. Doch ich schwanke. Ich habe Angst, dass ihre Seele dadurch verdorben werden könnte oder dass sie womöglich auch noch das Herumtheoretisieren lernt und Ideale bekommt. Also, sage ich mir, soll sie besser so bleiben wie sie ist: ein Freigeist. Soll sie nur weiter sagen, was ihr in den Sinn kommt, ohne Zensur, ohne dass jemand ankommt und ihr die Rechtschreibfehler und die Grammatik verbessert. Soll sie besser so bleiben wie sie ist: Sie kann nicht zwischen Schiitentum und Kommunismus unterscheiden und sie muss auch nicht unbedingt erfahren, dass es Lippenstifte gibt, von denen einer über 1000 Lira kostet.

181 Likes

19. September 2012 um 12:21

Das einzige, was mich gerade interessert, ist / meinen Nachbarn mit Revolutionsliedern zu ärgern.

105 Likes

Panzerhusten.

73 Likes

Facebook fragt: Woran denkst du gerade?

Ok, dieses eine Mal werde ich es dir ganz klar und deutlich sagen.

Ich werde dir jetzt meine Geschichte erzählen, du Dummkopf!

Ich hatte viele Geschwister und wir alle schliefen im gleichen Zimmer.

Ich trug ein T-Shirt der argentinischen National-mannschaft.

Die blauen Streifen darauf waren völlig ausge-bleicht, es war weiß geworden wie Schnee.

Mein Vater schlug meine Mutter, und wie freute ich mich doch in diesen Momenten.

Meine Freundin heiratete einen Mann von der Intelligenz einer Kuh,

und mein Bruder verkaufte seine Hose, um sich ein Theaterstück von Fairouz ansehen zu können.

Und ich habe nicht mal einen Apfel.

Und jeden Tag bombardiert uns der Diktator / und wir blöken ihn an.

Ich habe keine Träume, nicht einmal traurige.
Mein einziger Wunsch ist, dass die moderne
Technologie endlich beim Haus unserer Nachbarin
ankommt, damit ich mit ihr auf Facebook Liebe
machen kann.
Ich hasse Mahmud Darwisch und liebe Handala,
und ich habe mir immer gewünscht, dass er sich
einmal zu uns umdreht.
Wenn ich Marlboro rauche, fluche ich über die
Armen und trete die Bettler mit Füßen.
Wenn die Packung alle ist, sage ich:
„Boykottiert amerikanische Waren!"
Ich kaue an meinen Fingernägeln und betrüge
meine Freundin einmal pro Tag.
Ich denke darüber nach, ein elektronisches Selbst-
mordattentat zu verüben,
indem ich mir einen Sprengstoffgürtel umschnal-
le, alle meine elektronischen Freunde in einem
einzigen Status versammle … und mich dann in
die Luft sprenge.

261 Likes

25. September 2012 um 15:09
Ich bin der größte Schmiedemeister im Industrieviertel.

88 Likes

25. September 2012 um 18:41

Geständnis Nr. 55:

Ich bin einsam hier und alles um mich herum ist auch einsam / Meine Mutter und ich, wir teilen die Einsamkeit gerecht unter uns auf.

93 Likes

25. September 2012 um 21:42

Das einzige Wort, das ich meiner Mutter bisher nicht zu erklären im Stande war, ist: „lol"

123 Likes

26. September 2012 um 7:24

Geständnis Nr. 60:

Ich weiß, dass du hier bist, jetzt, in diesem Moment / Ich fühle deine Gegenwart

Hier zwischen den Profilbildern der Freunde / am linken Bildschirmrand / verborgen

Oder vielleicht bist es auch du, die gerade mit mir chattet, mit einem falschen Namen

Ich kann den Geruch deines Schweißes riechen, den du wegen mir schwitzt.

105 Likes

Ich bin Ibrahim / Mein Meister Aboud ist gerade
nicht hier / Er ist Motorrad fahren gegangen.
Wenn mein Meister Motorrad fährt, knöpft er sich
sein Hemd auf und rast los, als wolle er Batman
imitieren.
Mein Meister meint, wenn er Motorrad fährt,
würden ihm alle seine Facebook-Freunde dabei
zusehen.

177 Likes

Nachdem ich morgens meine Augen geöffnet habe,
schalte ich als allererstes den Fernseher an. Ich
sehe die Zahl der Todesopfer, ich sehe Verwüs-
tung und Zerstörung, ich sehe Zahra, das kleine
Mädchen, wie es unter den Trümmern weint: „Ich
will Wasser!"

Ich strecke meine Hand nach dem Bildschirm
aus und wische ihr die Tränen ab. Ich sehe die
Patronenhülsen. (Man sagt, sie bestünden aus
reinem, teurem Kupfer.) Ich suche nach ihnen auf
dem Bildschirm, ich denke darüber nach, sie ein-
zusammeln, zu verkaufen und mir von dem Erlös,
Zigaretten und Haschisch zu kaufen. Ich sehe das

fließende Blut. Ich strecke meine Zunge raus und beginne, den Bildschirm abzulecken. Ich sehe die Leichen der Hingerichteten mit hinter dem Rücken zusammengebundenen Händen. Ich strecke meine Hände nach ihnen aus und versuche, die Schlingen zu lösen und die Binden von ihren Augen abzunehmen, um sie dann loszulassen, denn womöglich kann uns niemand von diesem verdammten Regime befreien außer den Toten. Denn die Toten haben im Gegensatz zu uns Lebenden nichts mehr zu verlieren. Und manchmal sehe ich die Nachrichtensprecherin und dann ziehe ich mich aus. Und bevor es zu irgendetwas kommen kann, höre ich aus dem Bildschirm: „Takbir!" Dann ziehe ich mich schnell wieder an und sage mehrmals: „Allahu Akbar… Allahu Akbar … Allahu Akbar."

197 Likes

4. Oktober 2012 um 23:17

Früher, als Grundschüler, hasste ich die Schule. Ich schwänzte den Unterricht oft, ohne dass meine Eltern etwas davon wussten, und immer wenn das Prüfungsdatum näher rückte, wünschte ich mir, ein Wunder möge geschehen. Dass der Unterricht ausfällt oder die Prüfung verschoben wird oder

bcispielsweise die Schule explodiert
Und jetzt blicke ich voller Schadenfreude auf all
die zerstörten Schulen.

149 Likes

5. Oktober 2012 um 2:22

Facebook geht mir auf die Nerven und ich denke
darüber nach, Azrael, den Todesengel, herbeizu-
rufen, damit er meine Seele aus diesem Bildschirm
herauszerrt.

Was bedeutet es, wenn du Freunde hast, in allen
Farben, mit vielen Bildern und elektronischen See-
len, während du in Wirklichkeit außer Stande bist,
auch nur eine halbe Stunde mit einem Menschen
aus Fleisch und Blut zu verbringen?

Nur einige Meter entfernt von hier, genau
vorm Haus, beißen Hunde auf Mülltüten herum.
Marginalisierte, feige und unschuldige Hunde, so
wie ich. Ich denke: Warum gibt es auf Facebook
eigentlich keine Hunde? Zum Beispiel: Hund A
gefällt der Status von Hündin B, Hund C ist in
einer Beziehung mit Hündin D, die sich allerdings
nicht in der Hunde-Freundesliste befindet. Natürlich teilen sich die Hunde hier diesen Raum nicht
gleichmäßig auf. Es gibt große Hunde und kleine

Hunde. Der große Hund gibt dem kleinen Hund kein Like. Selbst wenn Letzterer noch so scharfe Eckzähne hat.

Das Leben hier ist langweilig geworden, bei aller Liebe, allem Flirt und allen menschlichen Tugenden.

Aber eine Sache hier gefällt mir doch, zugegebenermaßen: dass es hier auf Facebook keinen Friedhof gibt.

Ich könnte jetzt eine Bande gründen – beispielsweise bestehend aus Leuten, die derselben Konfessionsgemeinschaft angehören wie ich – und dann gehen wir auf die Profile der Armen und Elenden und tun es den Bewohnern Montmartres gleich, als sie am Fischmarkt den Körper von Jean-Baptiste Grenouille „Stück für Stück vor lauter Liebe und Aberglauben" verschlangen.

Ich werde auf das Profil meiner schönen Facebook-Freundin gehen, der Besitzerin des größten elektronischen Busens, und sie verschlingen, bis sie zu nichts wird, zu Staub und Konfetti.

Jetzt, während ich dahinsterbe, muss ich meinen elektronischen Freunden doch ein kleines Vermächtnis hinterlassen:

Ich habe euch all diese Zeit betrogen. In Wirklichkeit habe ich vor Kurzem festgestellt, dass ich euch für eine Schachtel Zigaretten verkaufen würde und meine Mutter für eine Runde Schlaf und meine Heimat für meine Mutter, und mich selbst verkaufe ich für einen kleinen kleinen Moment des Sieges, so, als werfe man einen Stein nach einer Katze, die dann flieht.

Ich habe euch betrogen. Immer wenn der Strom ausgefallen ist, habe ich mich über euch schiefgelacht.

Nehmt mein Profil und macht damit, was immer ihr wollt. Macht daraus ein Sanatorium, eine Ruine, eine Pension … Hauptsache, ihr lasst keine Hunde darauf.

256 Likes

22. Oktober 2012 um 23:51

Vielleicht fragen sich einige, warum ich während der letzten Tage nichts geschrieben habe und womöglich auch die nächsten Tage nichts schreiben werde.

Der Grund dafür ist, dass ich gerade sehr beschäftigt bin, für die Zukunft vorzuschreiben. Ich werde schreiben und werde alles speichern, damit dieses Profil auch nach meinem Tod oder meinem

Verschwinden weiter fortbestehen kann.

Ibrahim wird weitermachen und es gibt noch eine zweite Ersatzfigur, für den Fall, dass Ibrahim etwas zustoßen sollte.

Die Texte werden Ibrahim für die nächsten drei Jahre genügen.

Takbir!

165 Likes

28. Oktober 2012 um 19:57

Die Problematik mit „Ich bin der klügste Mensch auf Facebook" ist bei Future-TV angekommen, was die schöne kurzhaarige Moderatorin Sheimaa Oubri dazu brachte, zu sagen: „Was soll das denn bitte heißen? Auf welcher Grundlage soll er der Klügste sein?"

Ich wiederhole es unermüdlich weiter: Ich habe wegen dieses Satzes schon viele Freunde verloren. Jedes Mal wenn ich schreibe: „Ich bin der klügste Mensch auf Facebook", verliere ich fünf Freunde. Und ich mache weiter, wie viel es mich auch kosten mag, selbst wenn ich am Ende ganz allein hier sein sollte und alleine vor mich hin brabbele, werde ich dann und wann ins Leere schreien: „Ich bin der klügste Mensch auf Facebook! Ich bin der klügste

Mensch auf Facebook! Ich bin der klügste Mensch auf Facebook!"

125 Likes

31. Oktober 2012 um 17:45

Ich bin Ibrahim und vermisse euch alle. Es gibt hier einen dummen und ungebildeten jungen Mann. Er ist 31 Jahre alt, arbeitet in der Werkstatt gegenüber und im Industrieviertel nennt man ihn den Sensor. Der Sensor ist groß, liest nicht, schreibt nicht, lügt nicht und interessiert sich nicht für die Nachrichten. Er hat bis heute nichts vom Hurricane Sandy gehört und isst vier Mahlzeiten am Tag. Er liebt Filme von Murad Alamdar und Actionfilme. Er träumt von einer goldenen Pistole wie der von Nicolas Cage in Face Off. Der Sensor wurde nicht so genannt, weil er etwa so feinfühlig ist. Im Gegenteil ist er eher gefühlslos, obwohl er eine schöne Stimme besitzt und gerne singt. Aber er selbst mag seine Stimme nicht und hasst es, wenn jemand ihn aufnimmt. Wie Bukowski, der einmal sagte: „Als ich eine Tonaufnahme hörte, wo ich meine Gedichte las, klang das für mich wie ein Löwe im Zoo, der vor Schmerz brüllt." Der Sensor wurde so getauft, weil er elektrische Geräte repariert, und von jedem Gerät sämtliche Sensoren und Sicherungen enfernt, so dass es dann arbeitet wie ein Packesel, bis es schließlich zusammenbricht.

Eines Tages kam der Sensor zu meinem Meister Aboud und erzählte ihm in eifrigem Ton: „Ich habe dich gesehen! Ich habe dich auf Future-TV gesehen. Und sie sagten, dass du der klügste Mann der Welt bist! Und da war eine Frau, der gefiel das nicht … und …"

Der Sensor sprach aufgeregt und beschimpfte jene Frau und mein Meister Aboud bat ihm Zigaretten an und sagte immer nur: „Aha … und dann? Erzähl nur weiter."

162 Likes

6. November 2012 um 12:35
Demokratischer Dialog zwischen einem Regimetreuen und einem Oppositionellen in Manbidsch:
– „Du salafistischer Muslimbruder, du! Was soll denn das für eine Freiheit sein, die du da forderst?!"
– „Ich soll Salafist sein? Mein Freund, wenn ich

Arak saufen war, wo warst du dann?"

166 Likes

12. November 2012 um 5:12

Alte Krankheiten und Komplexe II:
Du schleichst dich aus der Schule davon, hin zu
den Gärten und Ruinen, und machst dich auf die
Suche nach einem Gecko. Ein Gecko ist ein Le-
bewesen aus der Gattung der Kriechtiere, ähnlich
wie ein Krokodil, nur fingergroß und sehr schnell.
Es ist aber dennoch möglich, ihn zu fangen. Doch
pass auf! Wir wollen ihn lebendig, wie wir auch
den Diktator lebendig wollen.

Du setzt ihn in ein Einmachglas und ver-
schließt es fest. Es darf wirklich kein bisschen
Sauerstoff mehr reinkommen, und du musst
ihn ohne Fressen und Trinken einsperren, und
immer, wenn du merkst, dass er gerade dabei ist zu
sterben, mach den Deckel ein wenig auf und lass
ihn atmen. Nicht um der Freiheit willen, sondern
einfach nur, um ihn am Leben zu halten, dass er
weiter leidet. Lass ihn ohne eine einzige Schram-
me sterben, ohne dass er auch nur einen einzigen
Tropfen Blut vergießt. Lass ihn sterben, so wie wir
sterben.

Und wenn es mit ihm vorbei ist, nimm ihn an

seinem Schwanz, nässe ihn mit Wasser und schleif
ihn anschließend durch Salz. Dann leg ihn unter
die pralle Sonne. So kannst du ihn zu einer hüb-
schen Ikone machen.

Und aus Trotz gegen das teure Lacoste-T-Shirt
der Schuldirektorin, steck dir diesen schönen
Gecko ans Hemd und geh in die Schule. Geh zur
Direktorin und dann sag ihr: „Das ist der Gecko,
der dieses dumme Krokodil auf deiner Brust verschlingen wird."

124 Likes

13. November 2012 um 21:24

Das Problem ist, liebe Rim, dass deine Pinnwand
gesperrt ist. Das ist natürlich normal, bei Berühmtheiten ist das immer so. Deswegen werde ich
dich in diesem Post taggen, vielleicht gelangt er so
ja doch noch auf deine Pinnwand.

Wie die Kämpfer der Freien Syrischen Armee,
die vor der Munition der Scharfschützen flie-
hen, werde ich alle Wände unserer gemeinsamen
Freunde durchlöchern und einreißen, so dass
Öffnungen entstehen, durch die ich hindurch
schlüpfen kann, Wand für Wand, bis ich zu deiner
Pinnwand gelange, ganz nach oben, wo deine

Freunde versammelt sind. Und da sie allesamt in der Liste „Freunde" sind, werde ich eine einzige Patrone auf sie abfeuern,

und dann deine Wand zur befreiten Zone erklären.

109 Likes

Wie es scheint sind wir ein sehr gieriges Volk. Wir wollen Frieden, Freiheit, Gerechtigkeit, Gleichberechtigung, aber was noch viel ironischer ist: Wir wollen, dass das Töten aufhört!!
Und das, wo doch alle Profile nur so vor Waffen strotzen! Die Frauen, die Männer, die Kinder, die Geistlichen, die Nachrichtensprecherin, Ziad Rahbani, sogar die Profile der Menschenrechtsorganisationen!
Alle schlafen sie mit einer Pistole unterm Profilbild.
Und Facebook ist übersät mit Security-Checkpoints!
Jeder einzelne hat einen Sprengstoffgürtel um …
Jetzt gerade, eine elektronische Demo: „Wir sind alle die Nusra-Front! Takbiiiiir!"
Und jetzt, genau im selben Moment:

– „Welche Farbe hat die Jeans, die du trägst?"
– „Braun."
Takbiiiiiiir.

148 Likes

20. November 2012 um 3:01
Ehrlich gesagt
Ich war gar nicht auf dem Klo
Ich hatte keine Gäste
Ich habe keinen Anruf bekommen
Meine Mutter hat mich nicht gerufen
Mein kleiner Bruder hat nicht geheult
Es gab keinen Luftangriff
Es gab keinen Stromausfall
Die Intenetverbindung war nicht unterbrochen
Und ich war nicht beim Abendessen
Ich habe dich betrogen

142 Likes

20. November 2012 um 3:36
Sie fragt mich auf Facebook: „Liebst du mich?"
Ich: „Ich liebe dich."
Darauf sie, in vollem Ernst: „Beweis es mir."
Ich gehe auf ihr Profil und like jeden einzelnen

Status von ihr, ohne ihn zu lesen.

119 Likes

20. November 2012 um 4:47

Meine Mutter fragt zu meiner Statusmeldung:
– „Was hast du da geschrieben?"
– „Eine elektronische Demo."
Da lacht meine Mutter und lacht … sie lacht
Meine Mutter, die meistens den ganzen Tag lang
weint / fällt auf den Rücken
vor lauter Lachen.

138 Likes

20. November 2012 um 5:09

Nach einer langen Nacht mit meiner Mutter über
Facebook
sagt meine Mutter mürrisch:
– „Alle Nachbarn haben Tomatenmark gemacht,
nur wir nicht."
– „Was ist denn nun, Mama? Wir haben uns doch
gerade eben noch über die Technokraten und
andere entscheidende Dinge unterhalten?"

200 Likes

21. November 2012 um 18:20

Meine Freundin sagt: „Die Revolution ist echt prima, wenn sie nur zum Beispiel in China stattfinden würde oder im Fernsehen."

90 Likes

21. November 2012 um 22:21

Verfluchtes Leben, bei dem dein Tag beginnt mit: „Steh auf, steh auf, ein Kampfjet. Steh auf!"

108 Likes

24. November 2012 um 16:20

– Wie ist das Leben bei euch so, wie ist die Lage?
– Naja, Freiheit und Luftangriffe.

101 Likes

25. November 2012 um 2:45

Am Telefon / genau, als sie beschloss, mir zu verraten, was sie anhat / warf das Flugzeug die Bombe ab.

103 Likes

25. November 2012 um 4:21

Sie sagt: „Erzähl mir was von dir und mach mir den Hof."
Ich bin Aboud Saeed, der außer dir noch 312 Lieb-

haberinnen hat …

Ich lebe in einem islamischen Kalifat, seit ein Kind aus Deraa den Satz „Das Volk will den Sturz des Regimes" an eine Wand geschrieben hat.

In meiner Kindheit habe ich einmal ein Huhn gestohlen und es dann mit einem Stück Glas, das ich im Müll gefunden hatte, geschlachtet. Dann sammelte ich ein wenig Brennholz und Plastiktüten, zündete alles an und grillte das Huhn darüber / Ich grillte es mit seinen Federn.

Und einmal haben meine Freunde und ich den Religionsunterricht geschwänzt. Wir gingen rauchen, und wie Renato im Film „Malina", maß dann jeder seinen Pimmel und teilte den anderen die Länge mit. Wir logen. Wir tricksten beim Ergebnis wie eine Frau, die man nach dem Alter fragt.

In der Uni gefiel mir ein Mädchen, das Plastikarmreifen trug. Es liebte Tamer Hosny und sein ganzer Oberkörper war mit Sommersprossen übersät. Es schrieb auf seine Seminarblätter immer Dinge wie FUCK OFF oder FUCK ALL. Und manchmal zeichnete es sich ein lächelndes Gesicht auf die Fingerkuppe.

Ich erinnerte mich an einen Satz aus Karim Samis

Roman „Das Zimmer von Herrn Bahr":

„Mädchenflausen sind schöner als die besten Gedichte der größten Dichter."

Ihre ständigen Gemeinheiten konnten mich nicht davon abhalten, ihr Profil jeden Tag zu besuchen. Und manchmal werde ich unvernünftig und wünsche mir eine Flugverbotszone über meiner Stadt. Nur damit sie hierher flieht.

Ich bin Aboud Saeed, der neben dir 312 Liebhaberinnen hat.

Wenn ich irakische Lieder höre, muss ich weinen, obwohl ich überzeugt bin, dass mein Herz aus Stein ist.

Ich liebe die Gedichte von Samer Abou Hawash und Emad Abu Saleh.

Ich habe „Die Würze der Verliebtheit für die Kenntnis des Fickens" von Imam Al-Suyuti gelesen, sehe mir aber trotzdem immer Pornofilme an. Am besten davon gefallen mir Outdoor-Pornos, also die, die unter freiem Himmel gedreht worden sind. Was mich daran besonders anspricht, sind die Passanten und die Autos, die im Hintergrund der Szene einfach vorbeifahren, ohne sich für diese Nackten zu interessieren, als befänden sie sich alle in der Warteschlange auf dem Gehweg vorm

Jüngsten Gericht.

Ich bin Aboud Saeed, der in einem islamischen Kalifat lebt – um es in deinen Worten auszudrücken.

Meine Freundin, ich weiß nicht, wie ich dir den Hof machen soll.

Wenn es unbedingt sein muss, kann ich dir zum Beispiel sagen:

„Ich sehe dein Gesicht jeden Tag
in einem neuen Stück Metall."

Oder „Das Geräusch des Hammers ähnelt deiner Stimme."

Oder „Die Funken, die von der Schweißmaschine abspringen, sind so heiß wie deine Brüste."
… Und so weiter.

162 Likes

3. Dezember 2012 um 14:04

Ich bin Ibrahim. Die Tage meines Meisters Aboud sind gezählt / Möge der Tyrann fallen!

93 Likes

6. Dezember 2012 um 9:17

Ich wünschte, sie wüsste, dass es ihre Zigarette war, die mich darauf gebracht hat / meiner Mutter das Rauchen beizubringen.

103 Likes

6. Dezember 2012 um 22:47

Vor lauter Lust denke ich manchmal: Ich wünsche mir, dass sie an einer Straßensperre der Nusra-Front angehalten wird.

103 Likes

8. Dezember 2012 um 11:21

Auf Facebook sind wir alle auf schöne und interessante Art Verräter.
Wozu all diese hässliche, verlogene Loyalität im echten Leben?

104 Likes

10. Dezember 2012 13:29

Ich rauche Marlboro / Meine Mutter fragt gereizt: „Das ist teuer, stimmt's?"

110 Likes

10. Dezember 2012 um 22:48

Ich dachte, sie sei meinetwegen hier.
Jedes Mal, wenn das Rechteck links oben am Bildschirm mir mitteilt
„Ihr gefällt der und der Link." „Sie hat den Status von X kommentiert."
… zünde ich mir eine Zigarette an und verfluche Ibrahim.

110 Likes

15. Dezember 2012 um 4:32

Und so mussten wir also kürzlich feststellen, dass eine Revolution nur in Ländern möglich ist, die ohnehin bis zu einem gewissen Grade demokratisch sind, bzw. wo gewisse Freiheiten respektiert werden. Revolution funktioniert nur gegen Staatsoberhäupter, die ihre Völker zumindest ein bisschen respektieren.

114 Likes

16. Dezember 2012 um 23:15

Seit Beginn der großen syrischen Revolution übe ich mich im Aussprechen des Namens des Nachrichtensenders France 24
France Dan Kan

Francan Kan

France Dan Chat

…

Ich versuch's weiter …

Ich werde So'aad heiraten und aus Facebook austreten.

So'aad, von der ich vor kurzem eine SMS erhalten habe,

mit dem Inhalt: „Yasser, ruf mich übers Festnetz an. Ich bin's, So'aad."

Allahu Akbar Allahu Akbar Allahu Akbar

Zur Hölle mit der Geschichte und all den Kerzen, die man ihretwegen ausgeblasen hat, zur Hölle mit der Silvesternacht, die mein Freund Fadi in Long Beach, Kalifornien verbracht hat.

Zur Hölle mit den Neujahrsglückwünschen, die ich bekomme, zur Hölle mit Yasser, diesem Hund, den So'aad liebt, zur Hölle mit der Jury, die den Mann des Jahres ausgewählt hat und mich hat ausscheiden lassen.

Zur Hölle mit allem, was ich jemals aufgeschrieben habe – mit Ausnahme der Telefonnummer von Salma Masri.

Zur Hölle mit Fairouz und den Liedern aus der guten alten Zeit, zur Hölle mit Mejana und Dal'ouna und Abu Zilt.

Zur Hölle mit dem Kaffee am Morgen / der Armut / dem schwarzen Dieselöl-Container und dem gelben obendrein und zur Hölle mit Lakhdar Brahimi.

Zur Hölle mit den Utopisten, zur Hölle mit den unverwüstlichen Optimisten und den Vorhersagen von Michel Hayek und Leila Abdel Latif. Zur Hölle mit dem Strukturalismus, dem Dekonstruktivismus und der vertikalen Lesart von Prosagedichten. Zur Hölle mit dem Verb „Kana" und seinen Schwestern, zur Hölle mit der Theorie vom Tod des Autors und der Realitätskritik.

Zur Hölle mit Reformen und politischen Richtlinienanpassungen, zur Hölle mit allen Straßensperren, an denen man seinen Ausweis zeigen muss.

Zur Hölle mit den Statusmeldungen meiner Freundin Hala Hala, zur Hölle mit jedem Like, das sie dafür bekommt.

Zur Hölle mit dem Profil von Lukman Derky und dem letzten Status, den er gepostet hat.

Zur Hölle mit euren Pinnwänden.

Wand für Wand.

Zur Hölle mit den Lippen von Scarlett Johansson und den ganzen Lippenstiften, die sie dafür konsumiert.

Zur Hölle mit der Zigarre von Manaf Tlass und dem Rauch, der aus ihr aufsteigt.

Zur Hölle mit der Zuversicht, Friede und Sicherheit, zur Hölle mit der ruhigsten Region Syriens.

Zur Hölle mit dem Leben, das hässlicher geworden ist als der Tod und kälter als ein Kühlschrank

Zur Hölle, zur Hölle, zur Hölle.

*Inspiriert von einem Text des Schriftstellers Ali Al-Sudani

169 Likes

3. Januar 2013 um 10:02

Gestern wollte mein Bruder, der einer der richtigen Kerle im Dorf ist und der weder lesen noch schreiben kann, den Führer eines Rebellenbataillons treffen, einen gewissen Scheich So und So.
Er bat den Wachmann, den Scheich herzurufen. Jener antwortete ihm in astreinem Hocharabisch: „Der Scheich hat im Moment leider Gottes keine Zeit."
Darauf mein Bruder: „Hat im Moment leider Gottes keine Zeit? Mann, ich ficke dieses Hocharabisch!"

163 Likes

3. Januar 2013 um 11:39

Ein Freund fragte mich letztens:
– „Wie kannst du nur ‚Ficken' auf deine Pinnwand schreiben?"
– „Mein Freund, wenn man nicht mal ‚Ficken' auf seine Pinnwand schreiben darf, warum sollte man dann überhaupt das Regime stürzen wollen?"

141 Likes

Mein bei der politischen Opposition engagierter, im Ausland lebender Freund, an dem mir viel gelegen ist, fragt mich:

– „Brauchst du denn irgendwas, kann ich dir denn irgendwas schicken?"

– „Danke, ich brauche nichts. Gib mir nur weiter Likes."

171 Likes

Die Frauen der Nachbarschaft versammeln sich bei meiner Mutter und unterhalten sich über Facebook.

Meine Mutter fragte eine der Frauen:

– „Wie viele Likes bekommt dein Sohn so am Tag?"

– „Naja, schon so 30, 35, wenn's hochkommt, sind es 50."

Meine Mutter zieht lange an ihrer Zigarette und sagt dann:

– „Mein Sohn macht über 150 Likes."

205 Likes

13. Januar 18:12

Meine Mutter isst Brot mit Orangen.

97 Likes

14. Januar 2013 um 12:17

Ich bin ein großer Schriftsteller, So'aad / Ich verstecke meinen Kopf in einem schwarzen Strumpf.
Ich schreibe und veröffentliche meine Texte auf kostenlosen Seiten im Internet
dann nehme ich meine Klickmaus aus der Tasche, halte sie den Lesern an den Hals und sage: Lies jetzt!

159 Likes

15. Januar 2013 um 19:49

– Wo genau wohnst du, Aboud?
– Genau hinter dem Ahrar-Al-Sham-Bataillon.

106 Likes

16. Januar 2013 um 12:32

Noch scheußlicher als das Massaker selbst ist diese alberne elektronische Trauer.

168 Likes

19. Januar 2013 um 13:18

Zittriger, niedergeschlagener Morgen / wie eine
Frau, die sich nicht aus dem Haus traut, bevor
sie sich nicht falsche Augenbrauen auf die Stirn
gemalt hat.

110 Likes

19. Januar 2013 um 13:48

Rauer Morgen / wie die Lippen eines Mädchens,
das einen 10-Lira-Lippenstift benutzt.

91 Likes

19. Januar 2013 um 13:55

Morgen voller schwarzer Poren und Pickel / wie
das Gesicht eines Mädchens, das seinen Gesichts-
puder am Marktstand kauft oder von der Händle-
rin im Viertel.

62 Likes

19. Januar 2013 um 14:01

Herabstürzender Morgen / wie die Wimpern eines
Mädchens, das seine Wimperntusche bei einem
Betrüger gekauft hat.

51 Likes

19. Januar 2013 um 14:10

Stechender, harter Morgen / wie der BH eines Mädchens, das seine BHs kiloweise kauft.

40 Likes

19. Januar 2013 um 14:42

Morgen voller Komplexe und ohne Selbstvertrauen / wie ein Mädchen das läuft, ohne sich je umzudrehen / nicht einmal dann, wenn hinter ihm etwas explodiert.

39 Likes

20. Januar 2013 um 13:04

Ich habe Lust alles, was an Wörtern in meinem
Magen liegt, mit einem Mal auszukotzen
jeden Alptraum, den ich hatte
jeden Film, den ich gesehen habe
jedes Buch
jede Frau
alle Zigaretten, die ich je geraucht habe
Mit einem einzigen Seufzer werde ich sie ausstoßen,
wie ein betrunkener Drache
und mich meinem Leben überlassen
Mein Leben, das sich in eine Müllhalde verwandelt
hat

Dunkelheit und metallene Kälte
Sardinenbüchsen
Zigarettenstummel
Damenbinden
Munition
und ein Mörder.

84 Likes

23. Januar 2013 um 16:23

Ich werde eine Chips-Tüte aufblasen und dann laut
zerplatzen lassen / Der Nusra-Front zum Trotz.

111 Likes

24. Januar 2013 um 17:44 Uhr

Früher pflegte ich das Chatfenster zu öffnen, mir
das hübscheste Mädchen online herauszusuchen
und ihm schließlich zu schreiben: Ich liebe dich.

Inzwischen öffnet meine Mutter das Chatfenster, sucht ein Mädchen nach ihrer Laune aus und
schickt ihm gemeine Icons wie dieses eine mit
dem Gesicht, das seine Zunge herausstreckt, oder
das andere, das sein Maul aufreißt wie ein hung-
riger Wurm, oder jenes pinke, das wohl wie Satan
aussehen soll.

Meine Mutter kann nicht schreiben, aber bei diesen Icons kann sie sehr wohl zwischen Gut und Böse unterscheiden. Deswegen hat sie auch kein einziges Mal einen Smiley oder eine Blume oder ein Herz angefasst.

154 Likes

26. Januar 2013 um 18:50

Und kurz bevor das Flugzeug seine Bombe abwarf ... warf ich Adonis einen Stolz erfüllten Blick zu und sagte ihm: Ich bin nicht gerade aus einer Moschee gerannt gekommen.

164 Likes

27. Januar 2013 um 21:25

Ich stelle mich mir als großen Facebook-Diktator vor
und wie ich eines Tages fallen werde, wie jeder Tyrann fallen muss.
Das Szenario nach dem Fall stelle ich mir folgendermaßen vor:
– Enorme Menschenmassen, die aus meinen Facebook-Freunden bestehen, stürmen mein Profil und plündern es

Dieser trägt einen meiner Texte auf seinen Schultern und läuft mit ihm davon

Jener nimmt meine Freundinnen als Geiseln während andere wiederum alles, was ich geschrieben habe, zusammenraffen und auf den Straßen aufhäufen

wie man Heuhaufen macht, um es dann mit dem billigsten Feuerzeug anzuzünden

– Meinen Namen und mein Profilbild wird man die Straße entlangschleifen

wie man die Statue Saddam Husseins im Irak geschleift hat

– Einer meiner Freunde, wahrscheinlich ein Dichter, wird vor Freude jubelnd durch die Straßen stolzieren

eines meiner Fotos in seiner Hand und in der anderen einen Schuh, mit dem er auf das Foto eindrischt.

Während meine Freundin, völlig ahnungslos und ohne einen blassen Schimmer, eine Pressekonferenz abhält, in der sie sagt: „Wir haben sie belagert und fertig gemacht, diese ungläubigen Marionetten des Kolonialismus!"

170 Likes

Unsere Gasse ist eng, doch wir kennen einander nicht.

116 Likes

An diejenigen, die sich noch immer fragen, wer Aboud Saeed ist:

Ich bin Aboud Saeed, wohnhaft in Manbidsch, wo Mädchen nicht in Cafés gehen und wo kein Gebäude höher als vier Stockwerke ist.

Jedes Mal, wenn ich meinen kleinen Neffen auffordere, Allahu Akbar zu sagen, sagt er: Schäm dich!

In der Schule saß ich immer auf der letzten Bank.

An die Uni bin ich gegangen, weil ich ein Mädchen ohne Kopftuch kennenlernen wollte, das ein Handy mit Bluetooth besaß.

Sie nannte ihr Handy „Catwoman", und ihretwegen habe ich meines dann „Miau" getauft.

Dennoch war ich ihr egal.

Ich arbeite als Schmied, das heißt Hammer, Bolzen und Dreizehner-, Vierzehnerschlüssel.

Ich schlafe mit sieben Geschwistern im selben Zimmer und besitze keinen Schrank, weswegen ich meine persönlichen Briefe im Hühnerstall verstecke. Manchmal passiert es, dass eine Henne auf den Satz „Ich liebe dich" ein Ei legt. Es ist auch schon vorgekommen, dass mir eine Henne auf das P.S. gekackt hat.

Meine Mutter weiß nicht, wie man Lasagne kocht, und bis voriges Jahr dachte ich noch, ein Croissant sei ein teures Gericht, das man mit Messer und Gabel ist.

Jede Nacht träume ich, ich sei Hannibal Lecter und vor mir auf dem Tisch läge das Gehirn des Mädchens, das ich liebe.

Im Bus setze ich mich immer meiner Nachbarin gegenüber, um sie zu beobachten, und ich habe in meinem Leben noch kein Flugzeug gesehen mit Ausnahme von Kriegsflugzeugen.

Meinen Strom zapfe ich vom nächstgelegenen Strommast ab und meine Internetrechnungen zahlt ein Mädchen aus der Oberschicht.

Die Kinder in meinem Viertel machen sich lustig über das große Muttermal auf meiner Stirn, und mein großer Bruder glaubt mir nicht, dass ich ein Dichter bin. Während meine Cousins, wenn sie es wüssten, auf Töpfe und Blechdosen trommelnd hinter mir herlaufen würden.

Ich habe einen Bleistift, mit dem ich manchmal
etwas kritzle und den ich mit einem Messer spitze.
Der letzte teure blaue Stift, den ich geschenkt bekommen habe, ist mir in der Hemdtasche geplatzt.
Bei Hochzeiten setze ich mich immer neben den
Sänger. In den Zelten, die man bei Trauerfeiern
aufstellt, bin ich derjenige, der den Trauergästen
den bitteren Kaffee serviert, und in Cafés ist mein
Tisch immer der Tisch der Ignorierten.
Ich bin Aboud Saeed, und ich kraule das Tier in
meinem Inneren am Nacken
auf dass es wachse
wie ein blinder Wolf.

402 Likes

Nachwort

„Wenn der MiG-Jet wieder seine tägliche Arbeit beginnt
und um mich herum wieder die Bomben fallen ... setze ich
meine Kopfhörer auf und höre in voller Lautstärke ein Lied,
das ich mag ... und dann lese ich deine Posts ... und lächele."
Rami Traboulsi auf der Pinnwand von Aboud Saeed am
1. Oktober 2012

Ich habe zum Zeitpunkt, zu dem ich diesen Text
schreibe, Aboud Saeed noch nie in Fleisch und
Blut getroffen. Auch wenn sein digitales Leben ein
wichtiger Bestandteil seines analogen Universums
ist, würde ich eher nicht sagen, dass ich ihn persönlich kenne – und er wäre bestimmt gekränkt.
Wir telefonieren dann und wann, skypen und
chatten auf Facebook.

Der Schriftsteller Aboud Saeed auf Facebook
und der 30-Jährige Mann, der als Schmied in Manbidsch in einer Kleinstadt in der Nähe von Aleppo
arbeitet, haben, obwohl keiner von beiden je behaupten würde, ehrlich zu sein, sehr viel gemein-
sam. Aboud Saeeds Leben – unter dem gleichen
Dach mit seiner Mutter, mit der Arbeit am Metall,
mit nervigen Busfahrten, Krieg, virtuellen Flirts,
Fernsehen und Stromausfällen – dient ihm als

Inspiration für sein Schreiben. Er arbeitet wirklich fast jeden Tag in der Werkstatt und schreibt täglich auch mehrere Posts auf Facebook, das sein kleines Fenster zur großen Welt ist. Mit diesem Kontrast spielt er. Immer wieder weist er darauf hin, erinnert sich selbst und den Leser daran, dass er, bei all seiner Popularität auf Facebook, immer noch ein Metallarbeiter aus Manbidsch ist, ein alberner Typ mit Größenwahn und vielen Träumen, den seine Mutter immer wieder zurück in die harte Realität holt. Und manchmal überzeichnet er diesen Kontrast, sagt er würde mit sieben Geschwistern in einem Zimmer schlafen – was wahrscheinlich früher zutraf, aber heute sind es zumindest weniger Geschwister. Ich bezweifle auch, dass er, wie er schreibt, seine Liebesbriefe im Hühnerstall versteckt, falls seine Familie überhaupt einen hat.

Er sagt über sich: „Als ich mit Facebook anfing, war ich ein marginalisierter User mit einer verwaisten Pinnwand, dem niemand Likes gab und dessen Freundschaftsanfragen meistens ignoriert wurden. Doch dann beschloss ich, eine Revolution zu machen und begann zu lesen …" Er wollte dieser virtuellen Scheinwelt, die so im Gegensatz zu seiner eigenen ärmlichen, provinziellen Realität stand, die Stirn bieten. Irgendwann schrieb er, um alle herauszufordern, auf seine Pinnwand: „Ich bin der klügste Mensch auf Facebook." Er verstand diesen Satz nicht als Ironie, nicht als Scherz, sondern es war die Ankündigung seines persönlichen Aufstands auf Facebook. Nach diesem ersten Post begann er, täglich zu schreiben. Wenn er danach den Satz wiederholte, bezog er sich auf den Beginn seiner persönlichen Revolution. Seit jenem Tag hat er keine einzige Freundschaftsanfrage mehr versendet. Als ich ihn fragte, ob seine persönliche Revolution mit den Aufständen in Syrien zusammengefallen ist, sagte er vage, es müsse wohl irgendwann um den Beginn der syrischen Revolution herum gewesen sein.

Bei seinen Facebook-Statusmeldungen handelt es sich um eine Mischung aus literarischer Dokumentation seiner Realität (aber sicher nicht zu Dokumentationszwecken!), in die dann Fiktion hineinwächst, und gedanklichen Exkursionen, Aphorismen, Sprachspielen, die weder in die eine, noch in die andere Kategorie passen.

Bevor dieses Ebook entstehen konnte, hatte ich etwa ein Dutzend Facebook-Statusmeldungen von Aboud Saeed übersetzt, sie öffentlich gelesen und vielen Freunden davon erzählt. Ich wollte zeigen, dass es Menschen wie ihn in Syrien gibt: Freigeister. Das macht für mich das Wichtigste aus an der Arbeit als Übersetzer: eine Sache zu sehen, die man schön oder wichtig findet und sie in der Welt, in der diese Sache unsichtbar ist, für andere sichtbar zu machen. Mein Bezug zu Syrien ist persönlicher Natur. Ein Großteil meiner Freunde und Freundinnen sind Syrer. 2006 und 2007 habe ich einige Monate in Damaskus gelebt und mich seitdem viel mit dem Land beschäftigt. Als 2011 die Aufstände begannen, war es nur natürlich für mich, mich so gut es geht einzubringen, meistens als Sprachrohr.

In der syrischen Facebook-Sphäre entsteht seit den vergangenen zwei Jahren sehr viel Literatur. Fares Albahra, Lukman Derky, Raed Wahsh, Mosab Al Nomairy sind prominente Beispiele dafür. Es sind teilweise Autoren, die (im Gegensatz zu Aboud Saeed) bereits „vor Facebook" Gedichtbände veröffentlicht haben, die aber jetzt Facebook verstärkt als Podium nutzen. Vor 2011 nahm man jemanden, der auf Facebook schreibt, nicht besonders ernst. Heute veröffentlichen sogar international etablierte syrische Autoren, wie Zakaria Tamer, dessen Bücher in viele Sprachen übersetzt und in der arabischen Welt in jedem Buchladen erhältlich sind, dort ihre Texte. Das hat mehrere Gründe.

Zum einen haben die Umwälzungen im Land durch den Volksaufstand alle Leute in sozialen Netzwerken versammelt (egal, wo sie politisch stehen). Die Regierung erlaubt keine internationale oder unabhängige Presse im Land (so problematisch diese Begriffe auch sein mögen). Um den Aufstand abzudecken und die Verletzten, die Toten, die Proteste zu dokumentieren, organisierte man sich in Syrien hauptsächlich über Facebookseiten. Bürgerjournalismus ist unglaublich wichtig geworden. Er ist die einzige Möglichkeit, sich darüber zu informieren, was im Land vor sich geht. Syrer in Syrien und im Ausland wollten sich vernetzen, jeder will verstehen, was zu Hause passiert. Ein großer Teil des Lebens der Syrer verlagert sich auf Facebook. Wer im Ausland lebt und mit seinen Freunden im Land diskutieren will, wer Meinungen abgleichen will, Informationen austauschen, sich organisieren, tut es über Facebook. Inzwischen ist durch die prekäre Sicherheitslage fast überall im Land Facebook der soziale Treffpunkt. Denn selbst Menschen, die im selben Stadtteil leben, können nun durch mehrere Militärcheckpoints voneinander getrennt sein. Geschweige denn, dass es noch Diskussionsrunden in Cafés gäbe.

Dass „Der klügste Mensch im Facebook" zuerst beim neuen Berliner Digitalverlag mikrotext als Ebook erschienen ist, passt natürlich konzeptuell gut. Aboud Saeeds Texte spielen in und mit der elektronischen Sphäre. Sie beinhalten ständig das Starren in den flirrend-leuchtenden Bildschirm, springen immer wieder von der flachen Sauberkeit und Digitalität der Welt im Laptop zu den staubigen Straßen von Manbidsch, der Kleinstadt in der Provinz von Aleppo, in der er lebt.

Für dieses Ebook habe ich Statusmeldungen von Aboud Saeeds Pinnwand, die er zwischen Dezember 2011 bis Februar 2013 veröffentlicht hat, direkt aus seinem Facebook-Profil herauskopiert und übersetzt. Sie stehen hier in chronologischer Ordnung, also genau andersherum als dort, wo sie zuerst erschienen sind, als ein Fließtext von gestern bis heute. Um etwas von der Facebook-Atmosphäre beizubehalten, habe ich bei jedem Post aber das Datum, die Uhrzeit sowie die Anzahl der Likes übernommen. Unter den Original-Posts auf Facebook ist natürlich immer ein langer Schwanz von Kommentaren anderer Facebook-Nutzer zu lesen. Auch Aboud Saeed beteiligt sich an den Diskussionen, aber ich habe sie zwecks Übersichtlichkeit weggelassen.

Literatur in Form von Facebook-Posts stößt oft an ihre Grenzen. Texte können nicht besonders lang werden, die Dimension der Zeit in den Texten kann auch nur schwer ausgeschöpft werden. Meistens haben kürzere Literaturstücke auf Facebook etwas von Tagebucheinträgen, Aphorismen oder Gedichten. Aboud Saeed hat sein Schreiben auf Facebook aber völlig mit Facebook verflochten, er hat eine regelrechte Facebookschreibtheorie entwickelt. Bei ihm ist Facebook, das grenzt ihn von vielen anderen ähnlichen Autorinnen und Autoren ab, nicht nur eine Plattform, sondern ständiger Gegenstand seines Schreibens und sogar der Ort des Geschehens.

Er schafft es sogar, mit dem Lehrlingsjungen Ibrahim eine Figur einzuführen, die in seinem Namen auf sein Facebookprofil schreibt, wenn der Schmiedemeister Aboud Saeed kurz abwesend ist, immer mit der Einleitung: „Ich bin Ibrahim …"

Dass seine Facebook-Texte nun erstmals außerhalb des arabischen Raums auch in gedruckter Form erscheinen, ist natürlich verrückt. Und für den Autor erscheint das alles abstrakt und weit entfernt. Nach der Veröffentlichung der deutsch-sprachigen digitalen Ausgabe etwa hatte er Tausende neue Facebook-Anfragen von Deutschen und Deutsch-Arabern. In einem Interview für das arabische Netzmagazin 24.ae sagte er: „Ich hab die Deutschen sehr lieb gewonnen. Sie sind schöne und verrückte Menschen." Zuvor erreichte er ausschließlich eine arabische Leserschaft, und hauptsächlich über Facebook in Syrien und im Libanon (mit Ausnahme zweier Veröffentlichungen in arabisch-sprachigen Online-Magazinen). Nun liest ihn eine Leserschaft, die er schwer einschätzen kann.

Dabei gibt es nicht nur im Westen Informationsbedarf zum Thema Syrien. Aboud Saeed spricht einer ganzen Generation aus der Seele und ist somit auch auf Arabisch ein relevanter neuer Autor. Auch die soziale Aussage des Buches ist wichtig. In allen arabischen Ländern gibt es ein starkes Stadt-Land-Gefälle, und man hört wenig oder keine Stimmen aus der geografischen und sozialen Provinz, noch dazu so selbstbewusste und coole. Ich persönlich hoffe, dass es irgendwann endlich wieder Frieden in Syrien geben wird, um mein eigenes Leben aus diesem virtuellen Raum wieder herauszuziehen. Aber wer weiß, vielleicht gibt es auch kein Zurück aus der digitalen Welt.

Sandra Hetzl, im September 2013

Glossar

Immer wieder tauchen in Aboud Saeeds Statusmeldungen Namen und Begriffe auf, deren Kenntnis wir bei deutschen Lesern nicht unbedingt voraussetzen können. Um aber den Lesefluss nicht zu stören, haben wir uns entschieden, keine Fußnoten, sondern ein Glossar mit ausgewählten Begriffen zu erstellen, das thematisch folgendermaßen geordnet ist: Währung, syrische Ortsnamen, Akteure innerhalb des derzeitigen Konflikts, arabische Literatur- und Geisteswelt, arabische Sprache und Schriftkultur, muslimische Praxis und Islam, Berühmtheiten des arabischen Showbusiness. Das Glossar wurde zusammengestellt von Sandra Hetzl.

Währung:

Lira, Währung in Syrien, wird auch als syrisches Pfund bezeichnet. Ende Februar 2013 betrug der Wechselkurs für einen Euro 93 Lira. Wenn man in syrischem Dialekt sagen will, jemand oder etwas sei nichts, also keinen Pfennig wert, würde man wörtlich sagen: „Er kostet zwei Francs." Dieser Ausdruck, den Aboud Saeed im arabischen Originaltext verwendet, stammt aus der französischen Mandatszeit (1920–1946).

Syrische Ortsnamen:

Homs, drittgrößte Stadt in Syrien, liegt ziemlich genau im Zentrum des Landes. Wegen der dort äußerst regen Protestbewegung hat das Regime die Stadt seit Februar 2012 militärisch belagert, sie besteht zu einem großen Teil nur noch aus Schutt und Asche. Die Bewohner von Homs sind immer noch täglich heftigen Bombenangriffen durch das Regime ausgesetzt.

Deraa, Stadt im Süden Syriens, Anfangspunkt des großen Volksaufstands im Lande. Ende Februar 2011 schrieb dort ein 12-jähriges Kind an eine Schulwand „Das Volk will den Sturz des Regimes", woraufhin die gesamte Schulklasse festgenommen wurde. Alle Versuche der Eltern, die lokalen Autoritäten zu überzeugen, die Kinder freizulassen, scheiterten. Die Kinder wurden gefoltert. Am 18. März 2011 gab es wegen dieser Ereignisse die erste große Demonstration in Deraa. Die Sicherheitskäfte erschossen am ersten Tag vier Demonstranten. Innerhalb von zwei Tagen stieg die Anzahl der Toten auf 100. Andere Städte organisierten Solidaritätsproteste für die Einwohner von Deraa und die Sache verbreitete sich wie ein Lauffeuer im Land.

Akteure innerhalb des derzeitigen Konflikts:

Abdelbasset Saroot, syrischer Fußballstar, ehemaliger Torwart der syrischen Nationalmannschaft. Wurde zu einem der wichtigsten Anführer der Demonstrationen in Homs, vor allem, da er sehr schön singen kann. Landesweit ist er so beliebt, dass man ihn über Skype auch Demonstrationen in anderen Städten anführen ließ. Hat vier Mordanschläge durch das Regime überlebt.

Freie Syrische Armee, größte Struktur bewaffneter Opposition in Syrien, Gründung wurde im Juli 2011 in einem Video ausgerufen. Besteht zum einen Teil aus Deserteuren der Syrischen Armee, zum anderen aus freiwilligen Kämpfern.

Ahrar-Al-Sham, eine Ende 2011 gegründete islamistisch-salafistische Rebellenbrigade, die an der Seite der Freien Syrischen Armee für den Sturz des Assad-Regimes kämpft. Scheint für die Zukunft, einen islamischen Staat anzustreben.

Nusra-Front, eine mit Al-Qaeda in Verbindung stehende, 2012 gegründete dschihadistische Rebellengruppe, die gegen das Assad-Regime militärisch kämpft, allerdings ein globales islamisches Kalifat anstrebt. Viele der Kämpfer sind keine Syrer und die Gruppe wird vom Großteil der Opposition mit Skepsis beobachtet, viele Gruppen der Freien Syrischen Armee nehmen Abstand von ihr. Einzige Gruppe, die Selbstmordattentate in Wohngebieten verübt. Man befürchtet, die Nusra-Front versuche, auch in das zivile Leben einzugreifen und Hass zwischen den verschiedenen Konfessionen zu säen.

Haitham Maleh (geb. 1931), Oppositioneller, Demokrat, Menschenrechtler und Kritiker des gegenwärtigen Regimes. Lehnt jegliche Form von Dialog mit dem Regime ab.

Lakhdar Brahimi, seit August 2012 der UN-Sondergesandte für Syrien.

Manaf Tlass, Sohn von Mustafa Tlass, ehemaliger syrischer Verteidigungsminister und engster Vertrauten von Hafiz Al-Assad. Dessen Sohn, den späteren Präsidenten Baschar Al-Assad lernte Manaf Tlass bereits in seiner Jugendzeit kennen. 2000 zum Offizier der Republikanischen Garde befördert, syrische Eliteeinheit zum Schutz des Präsidenten, später im Rang eines Brigadegenerals direkt Mahir Al-Assad, dem Bruder des Präsidenten, unterstellt. Laut Medienberichten im Mai 2011 unter Hausarrest gestellt, weil er sich geweigert haben soll, zivile Wohngebiete zu bombardieren. Im Sommer 2012 gelang es ihm, über die Türkei nach Paris zu flüchten. Es bestehen aufgrund seiner Vergangenheit und seiner engen Freundschaft zu Bashar Al-Assad starke Vorbehalte gegen ihn in Oppositionskreisen.

Arabische Literatur- und Geisteswelt:

Ibn Chaldoun (1332–1406), islamischer Historiker, gilt als ein Vorläufer der soziologischen Denkweise. Die Muqaddimah (arab.: Einleitung) ist Chaldouns Monumentalwerk, an dem er sein Leben lang arbeitete. Es umfasst 1475 Seiten.

Al-Suyuti (1445–1505), ägyptischer islamischer Gelehrter, Jurist und Schriftsteller.

Adonis (geb. 1930), bedeutender Dichter der arabischen Gegenwart. Der syrische Intellektuelle gilt als links, rebellisch und progressiv. Äußerte jedoch von Anfang an Skepsis gegen- über der neuen Protestbewegung in Syrien. Begründet seine Vorbehalte vor allem damit, die Protestbewegung habe eine islamisch-religiöse Färbung.

Mahmud Darwisch (1941–2008), bedeutender palästinen- sischer Dichter. Seine Werke sind in viele Sprachen der Welt übersetzt. In der arabischen Welt kennt ihn so gut wie jeder.

Nawal El Saadawi (geb. 1931), ägyptische feministische Schriftstellerin, Physikerin und Psychiaterin. Hat viele Bücher über die Lage der Frau im Islam verfasst und sich besonders gegen Genitalverstümmelung eingesetzt.

Handala, berühmte Comicfigur des palästinensischen Cartoonisten Nadschi Al-Ali (1938–1987), der mit seinen Comics die israelische Besatzungspolitik kritisierte. Handala ist ein kleiner, barfüßiger Junge, den man immer nur von hinten stehend sieht, seinen Blick auf das Geschehen gerichtet.

Hassan Blasim (geb. 1973), irakischer Schriftsteller und Regisseur.

Paul Shaool, libanesischer Dichter.

Arabische Sprache und Schriftkultur:

Zweispalter, meine Übersetzung für das She'r 'Amudi, das „Säulengedicht", eine traditionelle arabische Lyrikform, bestehend aus zweispaltig geschriebenen Gedichten in Halbversen.

Hamza, Zeichen der arabischen Schrift, das entweder über oder unter einen Buchstaben gesetzt wird.

Kana und seine Schwestern, grammatische Bezeichnung für eine Gruppe von Verben, die denselben grammatischen Regeln folgen. „Kana" ist das Verb „Sein".

Muslimische Praxis und Islam:

„Takbir!", Aufruf, der meistens von einer Person an eine Gruppe gerichtet wird, die mit „Allahu Akbar" antwortet.

„Allahu Akbar", wörtlich: „Gott ist größer", Beginn des Gebets, wird im Volksmund häufig und in verschiedenen Zusammenhängen gebraucht. Kann so viel heißen wie „Gott wird es richten", aber auch: „Oh Gott, oh Gott!", „Du lieber Himmel!". Im Zusammenhang mit dem Konflikt in Syrien ist dieser Ausruf manchmal ein Ausruf der Verzweiflung in Extremsituationen, zum Beispiel unter Beschuss oder Bombardement, als wolle man in diesen Momenten der Panik und des Schreckens eine höhere Macht anrufen, in deren Hand das Schicksal liegt. Wurde historisch auch als ein Schlachtruf zur Ermutigung im Kampf verwendet.

Fatiha-Sure, so genannte Eröffnungssure, erster Abschnitt im Koran, fester Bestandteil jedes Gebets. Sehr geläufig, wird auch bei Beerdigungen immer gelesen und auf Grabsteine geschrieben.

Khawla, Tochter des Azwar (geb. um 700), lebte zur Zeit des Propheten Mohammad, hat als Kämpferin verschiedene Schlachten angeführt.

Drusen, eine in Syrien, Libanon, Jornanien und Palästina vertretene religiöse Minderheit.

Alawiten, eine hauptsächlich in Syrien vertretene religiöse Minderheit, der Bashar Al-Assad und ein Großteil der ranghöchsten Vertreter aus Geheimdienst und Militär angehören.

Berühmtheiten des arabischen Showbusiness:

Carole Samaha (geb. 1972), libanesische Popsängerin und Schauspielerin.

Salma Masri (geb. 1948), syrische Fernseh-und Theaterschauspielerin. Aboud Saeed sagt über sie, sie war die erste Frau, die seine Hormone in Bewegung gesetzt habe.

Fairouz (geb. 1935), libanesische Sängerin, hat in vielen Musicals und Theaterstücken mitgewirkt, eine Ikone in der arabischen Welt.

May Skaf, bekannte syrische Schauspielerin. Eine der wenigen Personen der kulturellen Elite Syriens, die sich gegen die Brutalität des Regimes öffentlich ausgesprochen hat. Beteiligte sich an Protesten, wurde inhaftiert. Mit Aboud Saeed auf Facebook befreundet.

Louise Abdulkareem (geb. 1976), syrische Schauspielerin, befindet sich unter Aboud Saeeds Facebook-Freunden.

Elissa (geb. 1972), libanesische Popsängerin

Rim Banna (geb. 1966), palästinensische Sängerin. Hat mit ihren modernen Interpretationen traditioneller palästinensischer Lieder auch in Europa beachtlichen Erfolg. Befindet sich unter Aboud Saeeds Facebook-Freunden.

Michel Hayek (geb. 1967), genannt der „Nostradamus des Nahen Ostens", als Fernseh-Hellseher eine Medienberühmtheit. Macht in der Silvesternacht auf dem libanesischen Sender

LBC eine lange Liste vager Prophezeiungen zur politischen Lage der Region, hat aber auch schon Lady Gagas Zukunft vorausgesagt.

Tamer Hosny (geb. 1977), ägyptischer Sänger, Schauspieler und Komponist.

Leila Abdel Latif, das weibliche Pendant zu Michel Hayek, sagt zu Silvester auf LBC die Zukunft der Region und der Welt voraus.

Über mikrotext

mikrotext ist ein Verlag für kurze digitale Lektüren mit Sitz in Berlin, gegründet Anfang 2013. Der Schwerpunkt des Verlags liegt auf aktuellen literarischen Texten, die Zeitgenossenschaft dokumentieren und Perspektiven in die Zukunft schreiben. Sie sind inspiriert von Diskussionen in sozialen Medien und dem Blick auf internationale Debatten. Die meisten Titel erscheinen auf Deutsch, einige auf Englisch. Gedruckte Ausgaben sind bei Veranstaltungen oder in ausgewählten Buchhandlungen erhältlich.

Für aktuelle Informationen den **Newsletter** abonnieren (www.tinyurl.com/mikronews) oder www.mikrotext.de besuchen.

Verfolgen Sie mikrotext auch auf **Facebook** http://www.facebook.com/mikrotext oder auf **Twitter** @mkrtxt.

Gesamtprogramm

Alle drei Monate erscheinen bei mikrotext zwei Ebooksingles, die einem übergreifenden Thema gewidmet sind, sowie zwischendurch schnell produzierte „shots" und ab und zu drucken wir auch etwas. Erhältlich in allen Ebook-Shops und im Buchhandel.

Aus unserem Programm

Aboud Saeed: *Lebensgroßer Newsticker. Szenen aus der Erinnerung*. Aus dem Arabischen von Sandra Hetzl. März 2015.

Faiz, Julia Tieke: *Mein Akku ist gleich leer. Ein Chat von der Flucht*. April 2015.

Assaf Alassaf: *Abu Jürgen. Mein Leben mit dem deutschen Botschafter*. Oktober 2015.

© mikrotext, Berlin 2013
www.mikrotext.de

3. Auflage 2015
Zuerst erschienen im März 2013 als Ebook unter dem Titel
DER KLÜGSTE MENSCH IM FACEBOOK
Alle Rechte vorbehalten.

Auswahl und Übersetzung: Sandra Hetzl
Lektorat: Nikola Richter
Cover und Satz: Andrea Nienhaus
Coverfoto: Martina Friedl
Typo: PLT, Attention/Viktor Nübel; Minion
Koordination der Print-Ausgabe durch TALOS Media Services, Hamburg
Printed in Poland.

ISBN 978-3-944543-10-9